大先生

于漪

上海教育电视台　孙向彤

编著　主编

中国言实出版社

图书在版编目(CIP)数据

大先生于漪 / 上海教育电视台编著；孙向彤主编. -- 北京：中国言实出版社，2022.11
ISBN 978-7-5171-4222-5

Ⅰ.①大… Ⅱ.①上… ②孙… Ⅲ.①于漪—教育思想—研究
Ⅳ.①G40-092.7

中国版本图书馆CIP数据核字（2022）第211458号

大先生于漪

出 版 人：冯文礼
责任编辑：王建玲
责任校对：张天杨
封面题字：沈　鹏

出版发行：中国言实出版社
　　　　　地　　址：北京市朝阳区北苑路180号加利大厦5号楼105室
　　　　　邮　　编：100101
　　　　　编辑部：北京市海淀区花园路6号院B座6层
　　　　　邮　　编：100088
　　　　　电　　话：010-64924853（总编室）　010-64924716（发行部）
　　　　　网　　址：www.zgyscbs.cn　电子邮箱：zgyscbs@263.net

经　　销：新华书店
印　　刷：北京中科印刷有限公司
版　　次：2023年2月第1版　　2023年2月第1次印刷
规　　格：710毫米×1000毫米　　1/16　　19.25印张
字　　数：210千字

定　　价：78.00元
书　　号：ISBN 978-7-5171-4222-5

　　2019 年 9 月 29 日，在北京人民大会堂金色大厅，中共中央总书记、国家主席、中央军委主席习近平亲自给 90 岁的于漪佩戴上"人民教育家"国家荣誉称号奖章。她是基础教育界惟一获此殊荣的代表，她是师者楷模，更是学生们为学、为事、为人的"大先生"。

于漪被授予"改革先锋"称号

于漪被授予"全国先进工作者"称号

于漪被授予"最美奋斗者"称号

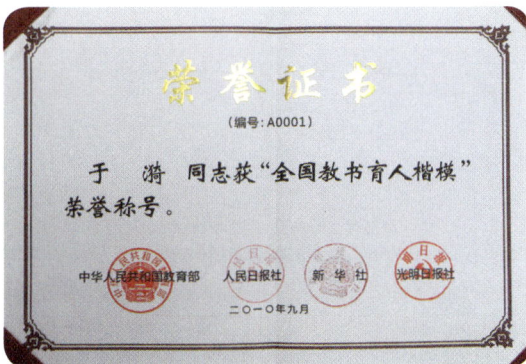

于漪被授予"全国教书
育人楷模"荣誉称号

于漪被授予教
育事业杰出贡献奖

于漪被授予全国
"三八"红旗手

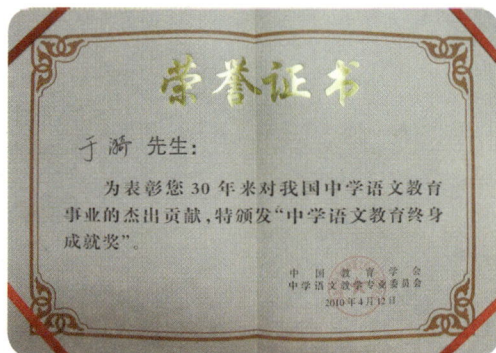

于漪被授予"中学语文
教育终身成就奖"

2001 年，时任教育部总督学柳斌出席于漪老师从教 50 周年活动，时任中共上海市教卫党委书记王荣华同志向柳斌同志赠送《于老师》录像带

2014 年 7 月《大中小德育课程一体化建设研究》重大课题攻关项目试点单位培训动员大会期间与教育部李卫红副部长、上海翁铁慧副市长合影

学霸最喜欢提问题

于漪应邀赴连云港
听课，课后与学生交流

与青年教师一起教学研讨

草地休息，仍然
在谈语文

在美国教育年会上,与密歇根大学教授林讨论青年教师培养问题

在校长论坛上发言

做学生为学为事为人的大先生

朱之文

2011年于漪荣获第八届复旦大学"校长奖",党委书记朱之文(左一)、校长杨玉良(右一)为她颁奖

全景式记录"人民教育家"于漪先生教育人生的融媒书——《大先生于漪》,即将由中国言实出版社出版,约我作序,我欣然答应。与其说是作序,不如说是借此表达我对于漪先生的那份崇高敬意。一个国家教育水平的提升,离不开钻研教育、深耕教育的人。

于漪先生就是这样的一位老教育家，她70多年如一日耕耘于三尺讲台，将自己的全部精力都献给了国家的教育事业、献给了她的学生们。她是当之无愧的"大先生"。

教育，民族之命脉；教师，教育之灵魂。2016年12月，习近平总书记在全国高校思想政治工作会议上指出，教师不能只做传授书本知识的教书匠，而要成为塑造学生品格、品行、品味的"大先生"。2022年4月，习近平总书记考察中国人民大学，再次强调老师应该"做学生为学、为事、为人的大先生，成为被社会尊重的楷模，成为世人效法的榜样"。做新时代的大先生，是习近平总书记代表党中央对广大教师提出的殷切期望，应当成为每一名教师职业发展的目标和引领。

那么该如何成为一名大先生呢？于漪先生的故事给了我们深刻的启迪、无尽的思考。2019年9月17日，在中华人民共和国成立70周年之际，习近平总书记亲自为于漪老师颁授"人民教育家"国家荣誉称号奖章。她是基础教育界惟一获此殊荣的代表。于漪老师从教70多年，始终心怀家国，始终坚定为党育人、为国育才的初心使命。她用生命镌刻的教育工作历程，谱写了一曲立德树人的悠扬赞歌。

于漪先生是无数中国教师心中的偶像。她曾被评为首批语文特级教师，获全国"三八"红旗手、全国先进工作者等荣誉，为首批享受国务院政府特殊津贴专家、首届全国教书育人楷模。2018年12月18日，党中央、国务院授予她"改革先锋"称号，颁授改革先锋奖章。2019年9月，她入选新中国成立70年"最美奋斗者"，被授予"人民教育家"国家荣誉称号。这些沉甸甸的荣誉，是对于漪先生教育人生的真实记录和最高褒奖。

于漪先生作为基础教育名师，出版了近600万字的著作，智如泉涌，是学生和后学仰望的高峰。70年来，她心无旁骛，专心于教育教学工作。她坚持党的教育方针，坚持立德树人，全身心教书育人。她一门心思为学生，把所有的特级教师津贴都花在学生身上，自己却拮据度日。她在家庭遇到变故时，毅然克服困难，赶回学校为高三学生辅导功课，为的是不让毕业班的学生落下一节课。她创造了一个又一个爱的奇迹：作为班主任，她将一盘散沙、乱象丛生的班级带成了先进集体；作为校长，她倡导"师风""学风"一起抓，德智体美劳五育并举，把无名的学校，打造成全国知名的优秀典型；作为导师，她言传身教，培养了三代特级教师，带出了一批全国知名的教学能手、德育名师。

于漪先生全力推动教育教学改革创新。她提出"胸中有书、目中有人"的教育理念，对做好立德树人工作很有启示意义。她提出并亲身实践的"语文学科是工具性与人文性统一"的思想，对中小学语文教育的改革发展产生了重要影响。她强调育人是教师的第一责任，积极推进学科德育工作，为教师专业成长提供了重要指引。虽已耄耋之年，她依然为培养青年教师不停奔忙。可以说，在育人上，她是一代师表；在教改上，她是一面旗帜。从于漪先生身上，我们看到和感受到了教育工作者最为可贵的品质。毫无疑问，她就是新时代呼唤的好老师、大先生。

我长期从事教育工作，一直视于漪先生为标杆。因工作关系，与于漪先生有过一些交往。记得 2011 年 9 月 15 日，我刚从福建调任复旦大学党委书记不久，参加了第八届复旦大学"校长奖"颁奖大会，与杨玉良校长一起给于漪先生颁授了"杰出校友奖"。此后，有过多次见面和学习的机会。2020 年 8 月，中国教育学会第五届教师培训者联盟年会在上海举行。记得于漪先生围绕"创新驱动·成就新时代好老师"这一主题，专门作了精彩演讲，她提出"教育素质的今天就是国民素质的明天"，至今记忆犹深。2022 年 4 月，"中国家校社共育三十人论坛"在重庆召开，93岁高龄的于漪先生因疫情不能亲临现场，还专门为论坛亲笔写信。她在信中谈到，为党育人、为国育才，是学校、家庭、社会共同肩负的使命；家庭、学校、社会要各司其职、形成合力、协同育人，创造良好育人生态，呵护未成年人身心健康发展。她还叮嘱每位教育人：教育既是科学，又是艺术，要有正确的教育理念、博大的情怀和锲而不舍的毅力。这些点点滴滴，如今回想起来都令我十分难忘、十分敬佩。

由上海教育电视台倾力打造的大型系列纪录片《大先生》，于2022年10月播出。该纪录片以于漪先生的生活经历、教学实践、学术思想为脉络，以人物传记的形式，通过对其生命历程的梳理，介绍于漪先生的感人事迹，展现其学术理论、思想境界的闪光点，记录其为学、为事、为人之道。可以说，上海教育电视台做了件功德无量的大好事。这次上海教育电视台在纪录片《大先生》基础上，重新整理于漪先生的系列微视频课《师范》、演讲录《学做人师》以及编创人员的采访手记等资料，打造而成大型融媒书——《大先生于漪》。这本书图文并茂、音视频互动，是对于漪先生跨世纪教育历程的全景式记录。捧读这本书，可以悟师道，重温师者楷模的坦荡人生；捧读这本书，亦可悟初心，读懂"大先生"何以为"大"。

今天，我们记录于漪，不仅要讲述好她的故事，更要追寻"大先生"的力量源泉，传播"大先生"的师道精神。于漪先生曾经对感谢她的学生说"我没有要哪个报答，只要你为祖国服务，这是对我们最大的感谢"。这是何其高尚的品质。她常说，教师一个肩膀挑着学生的现在，一个肩膀挑着国家的未来。她将个人的追求与祖国的繁荣发展紧密相连，在教育中体现了厚重的家国情怀。于漪先生始终把"育人"作为一切教育工作的基点，认为教育如果把"育人"丢了，就"失魂落魄"。她主张"学语文就是学做人"，教师要培养有"中国心"的建设者、接班人。"为党育人，为国育才"的初心，正是于漪先生生命不息、奋斗不止的力量源泉，更是她成其为"大先生"的信念之基。

党的二十大已描绘了全面建设社会主义现代化国家、实现中华民族伟大复兴的宏伟蓝图。新时代新征程新伟业，党和国家事业发展对优秀人才的需要，比以往任何时候都更为迫切。教师肩负着教书育人的重大使命，可谓任重道远。作为教育工作者，我们要向于漪先生学习，始终坚定理想信念、胸怀国家民族，带着责任、带着感情，默默耕耘，着力培养造就一代又一代能够担当民族复兴大任的时代新人，为加快推进教育现代化、建设教育强国、实现教育高质量发展贡献力量。

是为序。

（作者系中国教育学会会长，教育部原党组成员、副部长）

序二

当之无愧"人民教育家"

王荣华

衷心祝贺融媒书《大先生于漪》即将出版。《大先生于漪》为宣传于漪事迹、总结于漪思想提供了很好的融媒读本，更有助于弘扬于漪精神，让更多的人了解于漪、读懂于漪、继承于漪，让于漪精神如明灯一样，照亮更多的人。

1

我认识于漪老师已经 30 年了，于漪老师是当之无愧的"人民教育家"，在她身上具备了人民性、实践性、时代性的有机统一。她心中有人民，一切为人民；心中有学生，一切为学生，70 余年不忘初心，一心一意办好人民满意的教育，此之为人民性。她坚持德智融合，从课堂教学中走来，以实践为起点，以孩子的需求为起点，70 余年如一日，辛勤耕耘，实事求是，脚踏实地，她常说自己是"草根教师"，此之为实践性。她博览群书，有着深厚的中华优秀文化底蕴，又与时俱进，关注时代发展，发出"育人还是育分"的时代之问，此之为时代性。人民性、实践性、时代性是于漪老师最鲜明、最为可贵的特质。

20 多年前，我和于漪老师都是上海市人大代表。有一次开人代会，于漪老师的发言给我留下了深刻的印象。当时各个领域都在争取发展经费，教育欠账严重，但有人对教育经费的需求提出了质疑，认为教育系统有那么着急用钱吗？各个领域都要发展，轻重工业生产，没有资金就要停工，比起"长线"教育，到底哪一个更亟须用钱？6个盖子怎么才能盖上10口锅，孰先孰后，大家莫衷一是。这个时候于漪老师做了一番发言。她作为基础教育一线的老师，最了解老师的生活工作情况。她大声疾呼，必须重视教育，讲述了我国和发达国家教育经费比例的差距，讲了实际工作中教师的困难，讲到动情之处潸然泪下。她用艾青的一句诗"为什么我的眼里常饱含泪水？因为我对这土地爱得深沉"，表达了对孩子们的爱，对教育事业的爱，是发自内心的、深切的，毫无杂念、真诚纯粹。

2008年，我当选十一届全国人大代表，每年赴京履职前，总要去拜访于老师，聆听于老师的想法和建议。好几次被大会采纳并引起社会重视的议案、发言，引起大家共鸣的，都曾经是我与于老师商量过，或向她请教过的。譬如有一年我提出"男孩危机"的问题。在我们的教学中，优秀的女孩大大多于男孩，学生干部大多是女孩，女孩听话用功，男孩淘气。为此，我还专门做了一些调研。我的母校上海中学，在早年我念书的时候，学生的性别比例约为3：1，男生占75%，女生占25%，到了20世纪初，男女生比例基本倒过来了，男生占40%，女生占60%。我带着这个问题去拜访了于漪老师。她也在关注这个问题，并且赞成我的观点，还为我做了重要补充。一方面，我们要肯定女孩是优秀的。另一方面，应试教育的弊端，使得男孩的进步更加困难。男孩在生理上、脑神经等方面的发育恐怕要比女孩晚一些，在记忆方面比不过同龄女孩，这就令男孩早早地在应试竞争中败下阵来，这是国家未来人才培养中一个值得引起高度重视的现象。

与于老师交换意见后，我在上海代表团全团大会讨论时提出了要重视"男孩危机"的观点。这引起了广泛热烈的讨论，从会场一直讨论到驻地、餐桌。当时全国有17家媒体报道这个话题，凤凰卫视、上海电视台分别进行了专题采访，并推动了上海一所中学男生班的试点实践。

2

对于应试教育，于漪老师很早发现其弊端对孩子健康发展所产生的影响。她大声疾呼，多次撰写文章发表看法。于漪老师鲜明提出，教育到底是育人还是育分？这是于漪之问，更是时代之问。于漪认为育分只是一时之得，而育人才是根本。育人就是立根树魂，脱离了育人的教学就必然是失魂落魄。为此她率先提出以德为先、德智融合、全面发展的育人路径。针对时代之弊，发出时代之问，提出的破解之道如果没有深入的思考，没有丰富的实践是做不到的。

相当一个时期，社会上存在教育焦虑的现象，学校焦虑、家长焦虑、社会焦虑。看到孩子们那么辛苦，大家都于心不忍，但家长们又希望孩子"成龙成凤"，所以逼着孩子去苦读。这其实是一个认知上的误区，什么样才叫成才？是不是分数高了，就一切都好了？教育的本质到底是什么？

于漪老师在这个问题上，洞察现象与本质，拨云见日。她指出："教育本来是追求真善美的事情，如果整天处于焦虑之中怎么行？""教育焦虑其实是认知的偏差，焦虑说到底是分数焦虑。其实没有一张考卷能够考出人的综合素质，问题的根源是用一把尺子量人，一刀切的评价。"两年前，年逾90的于漪老师接受采访，公开发表她的观点。她认为教育是学知识的过程，应该是很活泼、很愉快的事，怎么就演变成焦虑和负担了呢？认识上的误区，造成思想上的混乱、行为上的失范，各种补课、培训班层出不穷，最终把压力传导到孩子的身上，结果近视眼多了，小胖墩多了，孩子的身体素质也下降了。孩子们未来成长发展的后劲又在哪里呢？

我与于漪老师讨论过央视有影响的节目——《中国诗词大会》。发现在背诵诗词环节，孩子们表现都很好，但是到了联想环节，孩子们就被动失误。于漪老师举例说起批改"水很活泼"的那位教师死抠知识点影响孩子想象力和创新思维的故事，她认为关键是评价标准出了问题，是指挥棒的问题。她在耄耋之年，依然关注教育改革，关注孩子成长，为教育高质量发展鼓与呼。

3

于漪老师不仅关心孩子，也关注青年教师。她退休后，做了大量的青年教师培养工作。她创建成立了上海市教师学研究会，把培养青年教师作为教师学研究会的重要职责。她深刻指出从应试教育转变为素质教育，关键是教师队伍。青年教师经历应试模式，也是"刷题刷出来的"，这必然会影响到他们的思维高度、专业素养与育人能力。对青年教师的培训提高是当务之急。关于农村青年教师的培养，于漪老师形象地说，不能培养"飞鸽牌"，一定要有"种子工程"，要让年轻教师们扎下根来。在她的努力下，上海的远郊农村学校师资质量明显提高，培训与市区保持同步。

于漪老师的课堂教学出神入化、炉火纯青，旁征博引、生动形象，从不拖堂，时间把握得非常精准。能够做到这样，是她多年的课堂实践磨炼出来的。她认为教师主要就是课堂上培养出来的，课堂是主阵地，课堂上见真本领。她亲自带教年轻人，提出"新秀在课堂"，手把手地教，培养了大量优秀教师。上海特级校长、特级教师中有很多都是于漪老师带教出来的学生。

4

于漪老师有深刻的教育教学思想，也有很多金句、格言。在70多年的教学生涯中，她不断积累，做有心人，将自己悟出来的道理记录下来并加以提炼。乌南幼儿园园长龚敏给于漪老师写了一封信，托我转交。于漪老师关心学前教育，热情给龚园长回信。信中说："教育从来是天底下最难的事情，启发人的生命自觉，谈何容易。因此，我们在传承中华优秀传统文化的时候，不要忘记时代的要求。教育必须是中国立场、世界视野，我们的梦是建立在人类命运共同体上的。我们教师，能为这样一个战略事业奉献，应该说是此生有幸。"于漪一辈子在基础教育领域耕耘，有如此的世界视野、中国情怀，如此崇高的教师责任感、使命感，令我非常钦佩。我全文大字书写回信内容赠给该园，同时摘录其中金句，挂在办公室里，经常诵读，勉励自己。

5

以"大先生"为于漪老师的纪录片和书籍命名十分贴切。于漪就是时代呼唤的"大先生"，是既精通专业知识的"经师"，又涵养德行的"人师"，是传道授业解惑的"经师"和"人师"的统一者。她以模范行为影响和带动学生，是学生为学、为事、为人的"大先生"。

为了研究于漪教育教学思想，弘扬于漪为党育人、为国育才精神，我们决定召开于漪思想研讨会，于漪老师当初并不赞成，她说不要研究她，也不希望别人研究她，自己只是做了该做的事。当时，我们坚持对于漪老师说，研讨会不光是您个人的事，我们研讨您的思想理论和教学实践，是为了中国基础教育未来的科学发展，是为了见贤思齐，提高教师队伍质量和水平。于漪 70 余年的教育教学实践，对于中国基础教育发展来说，是一个巨大的宝库。

近年来，我们组织了"于漪教育思想诵写讲"活动，通过诵、写、讲三种形式，形象、广泛、立体地展现了"人民教育家"于漪老师的思想精髓。编纂了《于漪全集》《于漪教育教学思想概要》《于漪人文教育思想论文集》，等等。其中《于漪教育教学思想概要》12 讲已经成为上海青年教师培训的基本教材。近期，我们正在撰写《于漪传》，一部于漪先生的大传。可以说，于漪先生的传记，就是一部新中国基础教育发展史，一部中国教师学发展史，要存世、传世，要资政育人、培根铸魂、启智增慧。

于漪是大先生，是我们这个时代标识性的人物。于之问、于之忧、于之答，对新时代教育发展有着重要的启迪作用，弥足珍贵。习近平总书记说："一个人遇到好老师是人生的幸运，一个学校拥有好老师是学校的光荣，一个民族源源不断涌现一批又一批好老师则是民族的希望。"我为与于漪先生身处同一个时代感到幸运，为我们国家拥有这样的"大先生"感到荣光。她是"师魂"，是中国教育直立的脊梁。希望我们的编纂出版、研讨拍摄等一系列工作能够为于漪老师的明灯抱薪添彩，让她照亮更远的奋进路途，为新时代教育事业发展添砖加瓦，为中华民族的伟大复兴培育更多优秀的人才，不负国家希望、人民嘱托和时代要求。

是为序。

（作者系上海市教育发展基金会理事长、上海市政协原副主席）

目　录
Contents

053　赓续师范

　　70多年来，于漪孜孜求索，甘当人梯，把全部的人生奉献给了祖国的教育事业，用忠诚、智慧、担当与奉献写就了一部为党育人、为国育才的史诗，熠熠生辉，彪炳后世。

073　编导手记

　　于漪老师的"大"，在于一辈子贴地而行的人民立场。于老师的"大"，在于"我为人人"的自觉和对"人人为我"的感恩。于老师的"大"，在于最低谷时不失自我，自强不息；又在最顶峰时虚怀若谷，兼爱天下，她是我们这个时代当之无愧的"大先生"。

直面时代的叩问，什么才是现代教育最重要的目标呢？所有的学科都是为育人的大目标服务的。那教育真正的生命力到底在哪里呢？不断地学习，不断地提高，不断地自我否定，自我超越，是教师成长的第一要务。

III

学做人师，行为师范

IV

附　录　213

大先生

于漪

一辈子做老师，一辈子学做老师

——纪录片《大先生》讲述『人民教育家』于漪教育人生

智如泉湧，行
可以为表仪
者，人师也．

录汉韩婴语贺上海第二
师范四十年

癸酉春 柳斌

教文育人

于漪第一次提出"教育就是要育人"，她要建立一种网络式、辐射型的教学方法，充分调动学生的积极性，让老师与学生，学生与学生之间相互作用，让学生成为课堂的主人。

教文育人

我一辈子都在反思我的课，有多少节是教在黑板上的，有多少节是教在学生心里的。

听于漪上课，令人印象最深的便是那活跃的课堂氛围。她善于通过诱导启发，调动学生的积极性。在她的课堂上，教材、教师、学生之间有着一张无形的网，互相作用，时而安静品读，细细思索；时而讨论争辩，慷慨陈词。

在于漪的 18 次 28 节教学实录中，平均每堂课于漪与学生互动多达 113 次。

于漪上课，没有固定的模式，常常因课制宜，不拘一格。她曾经"手脚并用"，以表演的形式展现《背影》中父亲攀爬月台的艰难和对孩子的爱；她用一枚铜钱展示《卖油翁》的绝技，令初中学生兴趣盎然地讨论古时百姓生活，触摸历史脉搏；她带领学生们来到学校花圃，实地讲授课文《花儿为什么这样红》……

于漪与学生互动

一辈子做老师，一辈子学做老师

于漪与学生在一起

【谭轶斌　上海市教委教研室副主任、语文特级教师】

　　她说教学应该是无恒，没有恒定的模式的，一旦有模式了它就会固化。徐迟的《哥德巴赫猜想》问世的第二天，她就找到组内的数学老师说，明天我们俩一同来教这篇课文，你来教数学知识，我来教科学家的探索精神。

【王平　中共上海市教育卫生工作委员会党委副书记、上海市教育委员会主任】

　　早在上世纪 60 年代，她就鲜明地提出了"要目中有人"。她上课从来不重复自己，即使同一篇课文，她也绝不用同样的方法教第二遍，因为，在她的眼里"文章是旧的，但学生是新的"。

于漪是上海首批 17 名特级教师之一，她至少上过 2000 节公开课。更难得的是，于漪的课从来不重复，即使是同一篇课文教第二、第三遍，也绝不重复。

原上海教育学院教授张撝之先生曾以梅兰芳博采众长、自成一家做比喻，把于漪称作"教育界的梅兰芳"。

就是这样一位中学语文教学执牛耳者，她的教育生涯竟然并非从教语文开始。

共和国诞生之初，于漪从复旦大学教育系毕业，进入上海市第二师范学校，当起了历史老师。不过一年时间，校领导又找她谈话，让她去教语文。

【于漪】

bpmf 也不会，现代汉语拼音方案我没有学过。我想，党的需要就是我的志愿，再困难也要克服。

学校的语文教研组长是一位国学底蕴深厚的老学究，课也上得精致动人，于漪很想去这位经验丰富的前辈课堂上听课。

【于漪】

我每天一清早 6 点多钟就到学校，扫地、抹桌子、泡开水、拖地板、倒痰盂，有事弟子服其劳，我想感动上帝，结果他就是不让我听。

学习中的于漪

终于有一天，在教王愿坚小说《普通劳动者》的时候，于漪惊讶地发现，不让自己听课的老先生竟然出现在自己的课堂上。

【于漪】

我说徐老师，刚才听的课请您指导指导。他说你有几点是好的，不过语文教学的大门在哪里，你还不知道，我听了以后，头嗡的一声，五雷轰顶。

语文教学的大门到底在哪里？前辈师长的金石之言，为于漪提供了恒久有力的鞭策。

【于漪】

我想我既然做教师，我就要对学生负责任，我一定要找到大门，而且要登堂入室。

此后三年，于漪埋首苦读，将所有业余时间都贡献给了书本。她硬是靠自学，掌握了高等院校中文系全部专业课程。

【于漪】

每天晚上9点以前搞工作，9点以后自己再进修，天天到深夜1点钟，真是明灯伴我过半夜。

语文课是语言的学科，于漪对自己教学语言的训练更是一丝不苟。每一天清晨，她都会像"过电影"一样把当天要上课的内容演

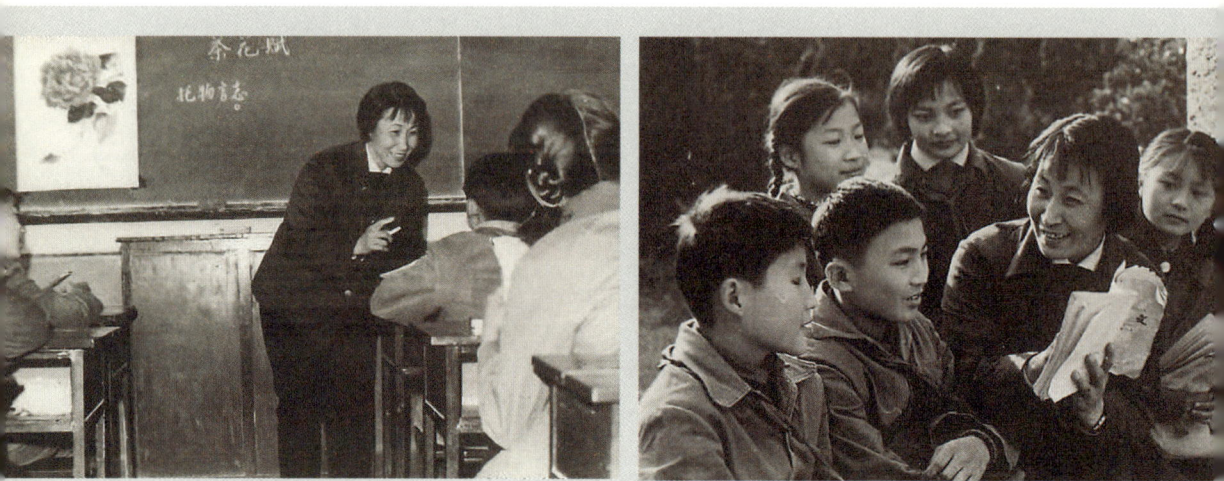

于漪灵活教学

练一遍，把口语转变为规范的书面用语，"丰而不余一言，约而不失一辞"。于漪出口成章的本领也便是通过这个方法慢慢成就的。

冬去春来，于漪的课堂教学渐渐得心应手。而她也越来越不满足于一言堂、满堂灌的教学模式。她创建了自己独特的语文教学方法。

【于漪】

因为我们过去的课堂教学形式，是线性的，我讲你听，你问我答，很多人做旁观者，我现在就是要变成网络式的，把每个学生都组织在学习场当中，这个网络当中，每个学生就是发光体，每个学生都能够做学习的主人。

1963 年是于漪成为语文教师的第四个年头。一个偶然的机会，她参加了杨浦区中学语文教研组长座谈会。在会上，她好似初生牛犊，大胆地直抒胸臆，侃侃而谈。

【于漪】

可能因为我不是中文系毕业，所以我觉得有些教法好像很浪费时间，很烦琐，很形式主义。

于漪第一次提出"教育就是要育人"，她要建立一种网络式、辐射型的教学方法。充分调动学生的积极性，让老师与学生，学生与学生之间相互作用，让学生成为课堂的主人。

【于漪】

比如说你教一个词，学生没有碰到过的，那么我们往往就是把它写在黑板上，然后开始解释，其实你让学生去查工具书，不是更好吗？

于漪的一番发言引起了同行们的关注。在那之后，各个层面的老师都去听她上课。教室后排常常坐满了前来听课的老师、领导。

【王厥轩　于漪学生、上海市教委教研室原主任】

她的课文导入出人意料，但是又在情理之中，她的板书鞭辟入里，把整个课文的灵魂都串联起来，她课文的剪裁，何处是经络，何处是骨骼，那都是非常清晰的，像小河的流水，铮铮淙淙流入我们的心田。

【景洪春　语文特级教师】

我记得于老师有一句名言：我一辈子都在反思我的课，有多少节是教在黑板上的，有多少节是教在学生心里的。

通过各级教研室的反复听课，抽检教案、学生的作业等，不到半年时间，于漪的教学才能得到了充分认可。这位日后在语文教坛享有盛誉的老师，正是在此刻崭露头角。

1965年5月的一天，于漪的课堂从教室搬到了几百人的大礼堂，从上海各个区县、远郊前来观摩学习的老师座无虚席。

【于漪】

我一进观摩教室，站起一个人来，我吓了一跳啊！他说我是崇明的老师，早上根本没有办法赶过来听课的，所以我昨天晚上就到了，我没有地方住，就在教室睡的。那个时候秋天蚊子很多，我很感动。

于漪主讲的篇目是毛泽东《新民主主义论》中的名篇《民族的科学的大众的文化》。课后，有人称赞这堂课是"富有思想性、战斗性的语文课"。很多人从此知道了，杨浦区有个叫于漪的老师很有本领，能把高中语文最难啃的议论文教得深入浅出、独具一格。

此后，于漪的公开课一堂接着一堂，她的论文也频频发表在学术期刊上，她"胸中有书，目中有人"的教育观点日臻完善。

在视频直播授课司空见惯的今天，很多人却依然清晰地记得45年前，上海电视台直播的那堂语文课。

【潘建娟　杨浦中学77届学生】

当时我们都很兴奋，但是又很紧张，因为上电视是一件很大的事情。那个时候家家户户电视还不是很普及，大家都分头回去找自己最漂亮的衣服，没有的，要问姐姐借（问）妹妹借，男同学都是去找白衬衫、蓝裤子。灯光一亮，大家一点声音都没有，那个时候于老师就非常镇定自若地走了进来，而且对我们笑了一笑，她这一笑把我们的心都定下来了。

这是恢复高考后，面向上海全市直播的第一堂公开课，上课的老师正是于漪。

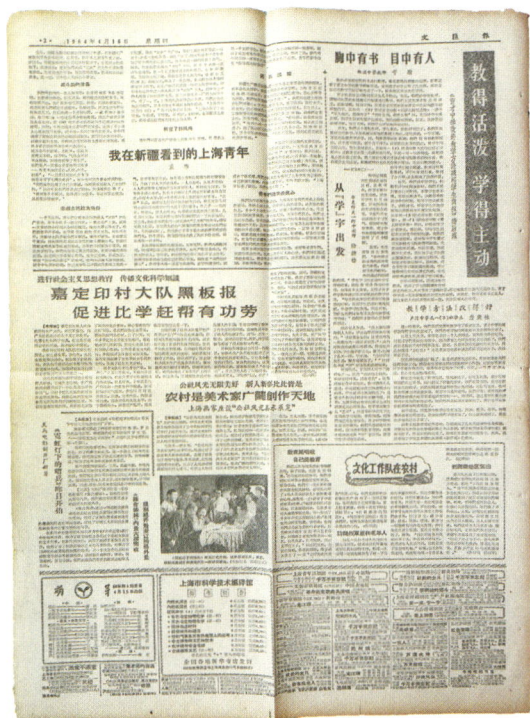

在《文汇报》上发表论文

【于漪】

我上完了以后，跟学生一道出来，很开心，我真是开心得不得了。十年动乱是乌云遮住太阳，我突然就想到高尔基的《海燕》，狂风、雷鸣、乌云，但是，不管怎么样，乌云是遮不住太阳的。

教育事业的春天，来了。

1978 年，语文教育家吕叔湘先生在《人民日报》上发表文章，呼吁尽快恢复语文教学及研究工作。同时，对于语文教学方法和语文学科性质的讨论也摆到了老师们的面前，一时间，各种意见想法激烈碰撞。

【于漪】

第一个就是叫水到渠成，他说教语文，只要在语言文

语文教学报告会

字上训练就行了，如果什么时候讲思想教育，什么时候语文水平就不能提高，我是不同意的。语言文字是表，思想内容是里，一定要表里结合，我们的语文水平才能真正提高。

刚刚当选全国中学语文教学研究会副会长的于漪发表了题为《既教文，又教人》的文章，开宗明义，明确提出语文教育要具备"思想内容与表达形式辩证统一的整体观念"。

20世纪八九十年代，随着社会经济的飞速发展，各种思潮也伴随而来，语文的"工具化"倾向日益凸显。标准化考试引入中国，也从某种程度上使人们忽视了中国基础教育自身的民族化特点。

【于漪】

褒洋贬中成为一种舆论，学生不要学语文，一怕文言文，二怕周树人，三怕写作文。有些学生讲外国的文学要读的，我觉得简直不可思议。

语文教学陷入题海训练，各种教辅读物牢牢占据了学生的书桌。学生对语文没有兴趣，老师也陷入了迷茫。

【于漪】

我一个学生是《解放日报》的记者。他告诉我，他的儿子小学二年级，造句"水很活泼"。这句子很好，多生动，考卷打叉。孩子妈妈讲对的，不要改，小孩子不行啊，一定要改啊，老师讲是错的了，水怎么活泼，不能活泼啊，只能按照标准答案来答。

针对"语文课就是基础工具课"的观点，于漪提出了旗帜鲜明的反对意见，"语文的工具性和人文性是一个统一体的两个侧面，不可机械割裂，否则就会把语文引入死胡同"。

【于漪】

我说我们的教育，到底是育人还是育分？

1995 年，于漪又撰写文章《弘扬人文 改革弊端》，明确指出"学语文就是学做人"。中国的"语文教学当然要走中国自己特色的道路"，要以教育的自信创建自信的教育。于漪的观点掷地有声、振聋发聩。

1995 年，于漪发表《弘扬人文 改革弊端》一文

随着于漪等诸多有识之士的大声疾呼，上海语文教育界首当其冲，开始转变落后的教学观念，扭转应试升学的陈旧局面。

这些在语文教育领域交流碰撞的思想火花，也引领了日后上海基础

教育的课程改革，对新时期学科育人等试点起到了深远影响。

在历时 20 余年的"一期课改""二期课改"工作中，语文教材编写任务最为浩繁，于漪始终参与其中，即便那时她年事已高。

【王厥轩】

在整个教材的编写过程中，于老师告诉我：厥轩，为了上海的课改（基础教育课程改革），我真的是下尽了苦功，我连教材的一个标点符号都不放过的。我打电话给黄老师（于漪先生黄世晔），黄老师讲：厥轩，你放过于老师吧，她 82 岁了，不是 28 岁。听了这话的时候，我的心里真的是很难过的，把上海语文教材这样一个非常重大的任务压在一个 80 多岁老人的身上，而且她是我的恩师，所以我真的是于心不忍的。

一辈子做教师，学做教师

一辈子做老师，一辈子学做老师

这一时期，于漪连续撰写了《准确而完整地认识语文学科的性质》等多篇文章，多角度阐释了语文学科"工具性与人文性统一"的特征，直接影响到当时语文课程标准的起草。

【王荣华　上海市教育发展基金会理事长、上海市政协原副主席】

她作为一个（中国）语文（教育）的大家，为我们国家的语文学科性质观的确立，起到了独特的、关键的作用。

1996 年，国家教委颁布的《全日制普通高级中学语文教学大纲（供试验用）》，明确指出："语文是最重要的交际工具，也是最重要的文化载体。"语文教育性质得到了准确认定。

直至今日，《普通高中语文课程标准（2017 年版）》提出的语文核心素养与于漪的"工具性与人文性统一"的观点一脉相承，愈发验证了于漪对语文教育性质所做的反思具有时代性、前瞻性的伟大意义。

从"目中有人"到"教文育人"，于漪逐步构建起了自己完整而系统的语文教育思想。70 多年来，她勤于思考、笔耕不辍，把自己的实践、研究一一付诸文字。

2018 年，8 卷 21 册，近 600 万字《于漪全集》出版发行。截至 2017 年底，于漪共发表论文 531 篇，专著 37 部，还有 100 多部合著及主编的作品。即便如此，于漪仍然常说："我做了一辈子的老师，但我一辈子都在学做老师。"

心怀家国

教师一个肩膀挑着学生的现在，一个肩膀挑着国家的未来，只有培养心怀祖国的学生，中国人才能挺起脊梁，中华民族的伟大复兴定指日可待。

心怀家国

我们是想让中国不仅教育在世界上有话语权，而且我们有中国教师自己的教师学。

2016 年于漪回到镇江

　　何处望神州？满眼风光北固楼，千古兴亡多少事？悠悠。不尽长江滚滚流。

　　2016 年，87 岁的于漪回到阔别多年的故乡镇江，信步北固山，心潮澎湃，不禁吟诵起辛弃疾的《南乡子·登京口北固亭有怀》。

【于漪】

　　我觉得六十几年，重回故土，真的是感慨万千，十几岁的时候，我们几个同学到北固山来，这种励志的情景，至今仍然是历历在目。我们读辛弃疾的《南乡子·登京口北固亭有怀》，他说：年少万兜鍪，坐断东南战未休。天下英雄谁敌手？曹刘。生子当如孙仲谋。长江水哺育我长大，金、焦

一辈子做老师，一辈子学做老师

二山的智慧使得我有审美的情趣，而北固山的励志，我是终生难忘。生子当如孙仲谋，这种为国为民忧国忧民，要报答苍生的思想，植根在我的血液里头。

1929年，于漪出生在江苏镇江，是于家最大的女儿。祖父白手起家，开办了一间肥皂作坊，生活还算殷实。

【于漪】

我读小学的时候，还是很开心，老师教我们写字要一笔一画，要写得非常清楚。

于漪全家照

1937 年，"八一三"事变爆发，12 月 8 日，镇江城沦陷。日寇的铁蹄瞬间踏碎了于漪温暖美好的童年。

【于漪】
我亲眼看到爸爸被日本人打了两个耳光，那爸爸要对我们进行教育的：记住，记住，中国人受这种侮辱了。

【于洸　于漪二弟、北京大学原副校长】
日本人拿着枪对小孩子也是那种耀武扬威的样子，我非常生气，这也给我留下一个很深的印象。

此时，8 岁的于漪是薛家巷小学三年级的学生，这一天，她上了终生难忘的"最后一课"。

【于漪】
最后的这堂课，音乐老师是个年轻的男老师，他在教我们《苏武牧羊》这首歌，教着教着就流眼泪了，他说你们要记得，我们学校明天就全部关门了，亡国奴是不能做的，苦极了。

日后于漪成为老师，每每教授语文名篇都德的《最后一课》时，总仿佛又回到山河破碎的童年，耳边回响起《苏武牧羊》的深沉曲调。

【于漪】

它的曲调是温柔敦厚的，那种爱国之情，对敌人的侵略者的仇恨，在我们小小的心灵里头就留下了种子，所以我一想到这个最后一课，我真的是终生难忘。

战火纷飞，少年于漪目睹了国破家亡的至暗景象，覆巢之下，安有完卵？

【于漪】

离我们家大概只有100公尺，一个姓夏的人家，炸弹就炸在他们家，一下子夏家的房子全部没有了，一片瓦砾。

故乡已非久留之地，于家人扶老携幼，一路颠簸，从镇江辗转逃往上海。

【于漪】

这个路很难走，高一脚低一脚的，我一跤就摔了，那个时候也不敢哭，我就觉得热乎乎的，也搞不清楚脸上是什么，在那个油灯下面一看我脸上都是血，那个时候有什么药呢？到烧锅的锅膛里头抓一把灰，就把它揿在我的下巴口子下面，让它不要出血了。

幼年颠沛苦难的经历，使于漪在众多的中国诗人中，特别钟爱杜甫，杜诗的沉郁顿挫总能激起她对天下苍生的悲悯与深情。

于漪读《三吏三别》

上海黄陂南路永裕里，逼仄的居所尽管清苦，却给了于家人动荡岁月里难得的太平，于漪也得以在上海民立女中度过了三年难忘的初中时光。

【于漪】

我印象很深的是个女老师，她说要记得，中文一定要学好，当时不懂，后来才想到，语言的问题是一个文化认同的问题，国家统一的问题。

珍贵的安宁没有持续多久，父亲罹患肺结核，于家在上海的生活难以为继，不得不重又回到镇江老宅。没过多久，父亲便撒手人寰。

【于渌　于漪三弟、中国科学院物理所研究员、中国科学院院士】

父亲临终之前就把我们姊妹兄弟5个叫到他的跟前，最小的是我的妹妹，一岁多一点，关照我们一句话：妈妈将来会非常困难，你们要听妈妈的话。

孤儿寡母在沦陷区的日子举步维艰。5个孩子一夜长大。

【于渌】

爸爸关照了，我就深深地记住，我一辈子应该勤奋努力，绝对不能让妈妈生气，不能让妈妈操心。

【于漪】

我妈妈是个非常典型的中国妇女，没有多少文化，但是她对我们的做人，要求很高。第一，就是要善良。第二，就是非常勤劳。她说人是不能懒的，你要活，你就要劳动，这样才对得起天，对得起地。

1944年，于漪15岁，到了上高中的年龄，族中老者劝她谋一份事，可以贴补家用，可是于漪的母亲却执意让孩子去读书。

【于漪】

妈妈的一个顶大的心愿就是要我们自立，她说她苦在没有文化，不能够自己养活自己，要尽自己的能力帮助别人，不要只是要靠别人帮助。

【于涟　于漪妹妹、浙江省科技厅原副厅长】
我妈妈这么艰苦地来培养我们，我们从小就励志，这个是很要紧的，要做有用的人，靠我们自己的努力来创造未来。

在母亲的一再坚持下，于漪没有放弃学业，她以优异的成绩考入江苏省立教育学院设在苏州的附属师范学校。自那以后，于漪增广见闻、得遇名师。

师范学校语文老师顾德辉，是著名历史学家顾颉刚的嗣子，传统学养深厚。《朱子家训》《完璧归赵》《文天祥抗元》一堂堂生动的语文课，在于漪面前铺陈了中华民族传统文化与美德的绚烂画卷。

【于漪】
他作为一个中国人，对于朱柏庐家训中的黎明即起，洒扫门庭，他都要给我们讲为什么人要这样做？家都不能齐，还能治国理天下吗？

第二年，捷报传来，世界反法西斯战争获得全面胜利，日寇仓皇溃散。

在镇江，受到重创的教育秩序逐渐恢复，曾经毁于战火的江苏名校镇江中学易址复校。于漪闻讯，欣喜地赶忙前去投考，成绩优秀的她，毫无悬念地被录取。然而，刚刚复校的镇江中学，条件十分艰苦。

【于洸】

走读就是每天早晨都带着饭，那么到学校里头用开水一泡热着吃，所以我们从小就是这样比较艰苦地在生活。

镇江中学创建于1892年，她以"一切为民族"为校训，教导学子铭记历史，奋发图强。抗战胜利后，众多学人、名师集聚于此。

数学老师毛振璠，不仅教会于漪严密的逻辑思维，更教会她表里俱澄澈的做人道理。

于漪就读的镇江中学旧址

【于漪】

一个同学，他的数学很困难，他跟我讲，考的时候你给我看一下子，那么我就写个条子给他了，正好被老师看到了，一辈子也忘不了。做人要表里俱澄澈，说的跟做的一样，想的跟说的一样，你就不能够弄虚作假。

语文老师赵继武，是国学大师黄侃的弟子。

【于漪】

教李密《陈情表》的时候，教到了"茕茕子立"，正音就是"贫穷"的"穷"，但是下面不是一个"凡事"的"凡"，是一竖，再穷脊梁骨要硬，记住。

1947年，于漪再次辗转来到上海，考入著名学府复旦大学。

青年时期的于漪

一辈子做老师，一辈子学做老师

【于漪】

当时很难，大概报（考）的学生有12000多，只（录）取500个。

面对得来不易的求学机会，她愈发勤奋刻苦。

【于漪】

我求学是非常不容易的，所以总是坐在第一排第二排。

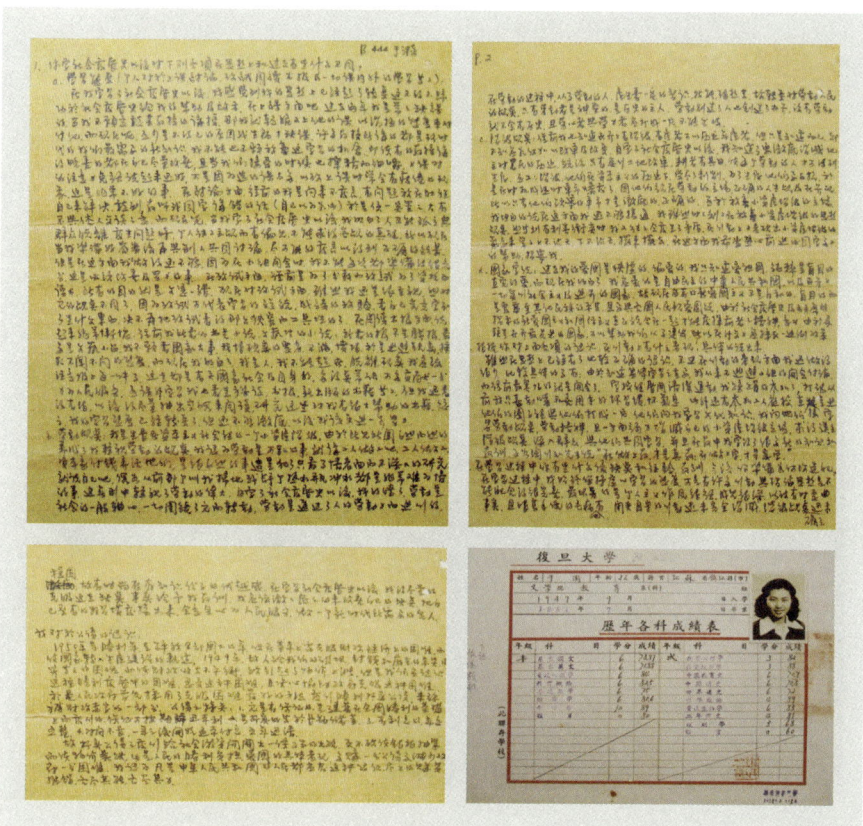

于漪读书时的各科成绩表和课堂笔记

复旦大学名师荟萃，大家云集，于漪沉浸在知识的海洋中，如饥似渴。大师们博古通今、文思飞扬的场景，于漪至今都记忆犹新。

【于漪】

《中国通史》是周予同讲的，他是经学大师，集中精力讲先秦的哲学，诸子百家，他讲课的那种仔细，那种考证，对我教育很深；曹孚教授的选修课《世界教育史》，那个课可以说上得是出神入化，他对一个国家一个国家的教育渊源，来龙去脉，讲得非常清楚；国文是方令孺先生教的，她跟章靳以教授两个人来对讲，大教室里头是人声鼎沸，把我们引入了这样一个文学的天地。

于漪的学习效率很高，她的笔记规整全面，是系里出了名的。以至于某位教授要出书的时候，还要问于漪借阅她记录的自己的课堂笔记做参考。

复旦大学滋养着于漪的学识，但高等学府并非世外桃源。

1948 年，随着解放战争的节节胜利，国民党的反动统治正走向崩溃边缘。

于漪在《人民教育》发表《对学科教学渗透德育的探讨》一文

刻苦攻读，是责任，也是乐趣

在上海，学生们纷纷走上街头，加入游行队伍，反饥饿反内战，呼唤一个崭新的中国。

【于漪】

这才知道个人的生存，一定要在天下穷苦人民获解放这样一个环境下面、条件下面，你个人的生存才有保障的。因此我在想，撒播中华文化、撒播我们共产党的这些方针政策、撒播救国救民的思想是教育义不容辞的责任。

1991 年，于漪在《人民教育》发表《对学科教育渗透德育的探讨》一文，较早提出学科德育的命题。将教文育人发展为教书育人、全面育人。她认为，各学科的教学都是为了培养社会主义新人，应当以本学科的智育为核心，融入德育，为提升学生科学文化素质和思想道德素质全面奠基。这一思想对上海此后的学科德育试点具有颇为重要的启发意义。

【于漪】

因为我们的孩子，基本上是在"三片"文化当中长大的，第一个就是薯片，第二个就是好莱坞大片，第三个就是芯片，如果说我们的学科都只是工具，而把育人的价值丢失了，那我们就失魂落魄了。所有的学科，它都有个终极目标，这是所有的老师必须有的。专业思想的第一条，你是培养什么人？培养我们新中国的接班人，建设者。

上海于 2005 年出台了两份具有开创性意义的文件——《上海市学生民族精神教育指导纲要（试行）》和《上海市中小学生生命教育指导纲要（试行）》（简称"两纲"），清晰勾勒出了上海德育工作的新格局。这高高竖起的两面旗帜：民族精神教育和生命教育，让全市的青少年在思想道德的成长道路上认清了方向，踩准了步点。

这一年，已年过古稀的于漪，精神矍铄，又一次接受了时代的崭新命题。

【翁铁慧　教育部党组成员、副部长】

那时于漪老师就十分支持这项工作，她觉得"两纲"抓住了育人的关键要害，对于推动"全人教育"有着重要的撬动意义。当时，我去拜访请教于漪老师，她就多次说，立德树人就是要培养有中国心的现代文明人，让每个学生扎实民族精神之根，铸就爱国主义之魂。

2010 年上海世博会，于漪参与上海教育电视台《世博一课》节目录制

于漪主张将"两纲"教育和学科教育渗透融合，提出德智融合，滴灌生命之魂。

【于漪】

我一直认为，教育是人第一，教文是为育人服务，育人是大目标。

【兰保民　语文特级教师】

于老师着力深入到中小学的课堂里边，一方面推动"两纲"教育，真正地进入课堂。另一方面，在听课的过程之中，发现人才，培养人才。

【邹竑　上海市教委德育处原调研员】

怎么把知识和技能、情感态度、价值观融合，它的操作在哪里，她都拿出了一些案例。

2010年上海世博会，于漪又不失时机地将世博会题材转化为德育的优良教材，成为"两纲"教育的案例典范。

"两纲"教育文件发布后，上海市陆续建立了多批次"上海市中小学骨干教师德育实训基地"。

【翁铁慧】

为了推动"两纲"，于漪老师虽然已经80岁高龄了，但仍然充满激情、身先士卒地带领广大中青年教师落实到上好每一节课上！当时，于漪老师亲自领衔学科德育名师工作室的建设，手把手地教出一批一批的骨干教师，同时她还不遗余力地亲身示范，仅在市级层面和全市各区县组织的不同年级、不同层次学校的公开课就达百余节，听课教师总数要近万人次。

于漪带教青年教师

一辈子做老师，一辈子学做老师

2008 年至 2018 年，于漪连续三届担任上海市语文学科德育实训基地主持人。从育人到培养育人的人，她对教师的育德能力提出了新的要求。

【于漪】

首先它是一个政治认同，没有中国共产党就没有新中国。第二个我们就谈到国家意识。第三个我们就叫文化自信。然后就是公民人格，所有的老师他并不是一个教书匠，并不是一个工具，而是一个育人的人。

十年间，她亲自带教百名青年语文教师，把自己一生所思所想倾囊相赠，把德育薪火传继后人。

【于漪】

教育本身是一个生命展开的过程，永远面向未来。

于漪深切地认识到，新时代的教育必须传承和发扬中华民族优良传统，用德育铺就学生生命的底色。

诚如于漪所说，教师一个肩膀挑着学生的现在，一个肩膀挑着国家的未来，只有培养心怀祖国的学生，中国人才能挺起脊梁，中华民族的伟大复兴定指日可待。

红烛微光

于漪用对学习的重视、对学生的真诚，在每一个学生的心里留下温暖，使他们怀揣着满满的善意和温情奔赴祖国的广袤天地。

红烛微光

我无怨无悔，因为选择了教师，我就选择了高尚；选择了教师，我就一辈子和年轻人在一起。

每逢大年初二，于漪家中总是暖意融融，学生们在这一天，无论如何都会赶来给老师拜年。几十年来，这相沿成习、雷打不动的年初二拜年已经成为于漪专属的教师节。

【黄音 于漪孙女、于漪教育教学思想研究中心研究规划部副主任】

我印象当中非常深的一次，是十几个人围着奶奶坐着，然后一个电话来了，我去接，他说我找于老师，我就说奶奶奶奶，你快点过来接电话吧，奶奶就没听到。突然之间我灵机一动，叫了一声：于老师，你的电话来了。她马上就回头了。那一刻我就觉得也许这个就是老师的一种本能。老师听到学生对她的呼唤，就会很本能地回过头来，当时我就觉得老师这个职业真的是非常的具有幸福感。

于漪今年已是 93 岁高龄，依然思维敏捷、精神矍铄，谁都看不出她年轻时身体并不好。曾经，她胃溃疡发展到吐黑血，严重的肝炎，做了肝穿刺，腹腔血瘤粘连，做过多次手术。

于漪、黄世晔夫妇

【于漪】

在每一个学生心中，都要撒播爱国主义的种子。

于漪一家经济上也不宽裕，夫妻俩都是教师，收入不高，抚养一个独子，拮据度日。然而就是这样病弱又清贫的于漪，在学生的面前却仿佛有着通天的本领，无所不能。她说学生身上的事，都是我教师心上的事。

上海市杨浦区知名高校林立，拥有市级、区级示范性高中十余所，丰富优质的教育资源，在上海名列前茅。然而，在四五十年前，情况却全然不是如此。受到"文革"的影响，于漪所在的杨浦中学乱班尤甚，1969届4班已经接二连三跑了8个班主任，没有一个班主任能够坚持带班超过一个月。于漪作为这个班的第九任班主任，刚一走进教室，就大吃了一惊。

于漪与孩子们在一起

【于漪】

黑板上抹的是大便，学生基本上都没在，就几个女同学在打架，拉不开啊，因为这个女同学拉着辫子，这是我看到的第一个"节目"。

学生们无心读书，逃课的占了半数以上，来上学的也多是恶作剧、瞎胡闹。面对混乱不堪的局面，于漪并没有像其他班主任那样一走了之，而是下决心要把逃学的孩子全都找回来。

【于漪】

我要一个一个地去家里访问，请他们来上课。我第一个跟大家讲的是，我讲对的，你们都要听；我讲的不对的，你们可以批评；我讲的反动的，你们可以批判；但是我讲的对的，复课闹革命，你们一定要听。

在家访的过程中，于漪发现学生祁世文的家庭非常困难，上有年迈的奶奶，下有两个年幼的妹妹，全靠母亲微薄的收入负担五口人的生活。

于漪与学生祁世文

041

于漪和她的语文教学同行们在一起

【祁世文　杨浦中学 1969 届毕业生】

我母亲只有 26 块钱，我父亲死了以后，她还没有正式工作。临时工，每天最多也就能拿出两毛钱，能过一天的活了。

【于漪】

我后来发现他吃饭时，就买两个白馒头，没有钱买吃的，我知道了以后，就拿钱给他。

于漪用心去了解每一个孩子，真诚地尽己所能去帮助他们。学生终于一个一个回到了学校，课堂重又整整齐齐。

【顾力星　杨浦中学1977届毕业生】

女老师都被学生气哭，但是于漪老师只要在教室门口
一站，大家都老老实实的，一方面她的人格魅力比较强大，
另一方面她也是以理服人，教育我们怎么去树立正确的人生
观、价值观和世界观，就是要如何做人。

很快，1969届面临上山下乡，学生们要离开上海的家，到遥远
的农村去。出发临近，祁世文却连一件像样的行李都没有。

【祁世文】

后来要插队落户去，总归要准备一些东西，我也没有，
于老师就把家里的棉被、被面、蚊帐、毛巾，还有一些生活小
用品，拿了不少给我，还拿了50块钱，让我买一些日用品。

祁世文上山下乡的第一年，没能回家过年。于漪竟还惦记着他
的家人，帮助他解决后顾之忧。

【祁世文】

第一年就没回来，于老师就把我两个妹妹请到她家里
去一起过年，我在那边心里也是很暖的。

在那个特殊的年代，于漪努力维护着正常的教学秩序，用对学
习的重视、对学生的真诚扭转了一个乱班，更在每一个学生的心里
留下温暖，使他们怀揣着满满的善意和温情奔赴祖国的广袤天地。

多年后，祁世文返城回沪，于老师又给他介绍工作，帮他一家渡过难关。如今，祁世文早已退休，也享受着含饴弄孙的幸福。这份福气也许是他在那个曾经的乱班里，想都不敢想的事情。

于漪能把乱班带好的本领，让校领导很是佩服。20 世纪 70 年代，于漪几乎成了"治理乱班专业户"，学校也总是把调皮捣蛋的孩子往于漪班上塞。

于漪有个学生叫蒋志萍，退休前是一家贸易公司的总经理。现在，每每说起自己读书时是个"皮大王"的事情，他都有些羞愧难当。

【蒋志萍　杨浦中学 1975 届毕业生】

举个例子，要去打乒乓了，我们走到乒乓室里边，这个桌子就像我们包下来一样，别的同学不能打，就是很横的那种，下面的小学同学，或者比我大的同学看到我都怕的，但是白天我欺负他们，晚上就来告状了，一告状，我总归要给父母打。

这天，又一次闯祸的蒋志萍被父亲赶出了家门。

【于漪】

于老师，我送给你，我不要了。我说我要你的儿子干什么，你没有把他管好，你就送给我，你作为爸爸就没有责任吗？你把他赶出来怎么得了，赶出来马上就坏掉，这是不行的。我说你把他赶出来是绝对不对的，你是他的父亲，我是他的老师，我们合作起来把他教育好。

于漪与学生合影

为了暂时缓和父子之间的冲突，于漪把蒋志萍领回了自己家。

【于漪】

真的拖到家里来，当然我跟我爱人讲，职责要全部。真的，我儿子就带着他，和他看小人书，就是这样子来弄好的。

【蒋志萍】

第一次去的时候，黄老师看到我，于老师就介绍，蒋志萍怎么怎么怎么。于老师说话，不像自己父母要骂的，不骂。

【于漪】

这个小孩子的本质是比较好的，所以我就一直肯定他的本质。

【蒋志萍】

我印象当中好像有两三个月，吃饭洗澡，说得难听一点，都是于老师在伺候，她天天买菜的时候会说，你喜欢吃什么，我说随便，她总是要买肉鱼、蔬菜那些东西。

【于漪】

这个孩子居然慢慢地就省悟过来了。

【蒋志萍】

我们相处的这段时间是难忘的，一生当中真的难忘的。

肖龙宝是上海市六合路小学教师，她是于漪在 20 世纪 50 年代的学生。时至今日，她都无法忘记于老师对她的照顾和教导。得知我们的拍摄任务，她还特意给摄制组写了一封信。

有一次我扁桃腺发炎，发高烧，一般情况下应该回家治疗养病，但我不行，我家很穷，很困难，我不能回家增添麻烦，就含泪在宿舍里躺着。

我吃东西吞咽困难，嗓子疼痛啊！正在此时，我敬爱的于老师来宿舍探望我并带来了面包，她说用开水蘸蘸软了就能咽下去了。当时我感动得热泪满面，这是可敬可亲的母爱啊！

面包在三年困难时期，可以说是奢侈品。于漪看到肖龙宝如此难受，特地让同学跑到市中心去买松软可口的面包，花去了自己二两粮票。用去二两粮票，就意味着她自己要饿一顿。

肖龙宝从二师毕业后，也走上了三尺讲台。如今肖龙宝也已是桃李满天下，每次回上海探亲，她的学生们都会组团来看她，她每每沉浸在师生欢聚的幸福时，都会向学生们说："是于漪老师的言行举止和她的爱影响了我的一生！"

于漪总说：自己身上的担子有千斤重，一个肩膀挑着学生的现在，一个肩膀挑着国家的未来。

【翁铁慧】

在于漪老师身上，我们看到了"经师"和"人师"的高度统一，看到了"人民教育家"的崇高品格。

她最早提出"知心才能教心"，用师者的大爱与大智温暖和改变着一个个不同的生命。作为班主任，她将最差、最乱的班级带成了先进集体；作为校长，她让名不见经传的学校成为数一数二的全国先进。这都是爱的奇迹。

岁月更迭，山海巨变。于漪的努力改变了很多人的命运，也为祖国建设输送了众多人才。

1977 年，中断十年之久的高考正式恢复，于漪所在的杨浦中学高三年级有 11 个班面临升学。

【于漪】

1977 届当时乱得很厉害，乱得全校上不起课来，因为在"文革"当中，这个年级的三十几个老师，有的是高校华师大下放来的，有的是小学来的，这样一支队伍要来带十分的困难。

书记找到于漪谈话，48 岁的于漪再次临危受命，担任 1977 届的年级组组长。

【于漪】

开了三天会，大家思想不统一，有的老师还是害怕了，他说不要恢复什么高考，又是抓知识第一，又是修正主义来了，最后我讲，如果发生问题我负责任，跟大家都没有关系。

于漪反复动员老师，让老师们安下心来上课。她还将高三年级两个班划为快班，对一大批有潜力的孩子重点辅导。

【于漪】

这样搞下来以后，我们就比人家早了半年，而且我着重是补数理化，我们 1977 届的这两个班，百分之一百考取高校，九个（考）取了复旦，十几个去了交大，还有华师大、科大，真是不容易。

王厥轩，上海市教委教研室原主任。1966 年，他从于漪的班上毕业。恢复高考那年，王厥轩早已参加了工作，若不是于漪的鼓励，他恐怕就错过了那场改变命运的考试。

【王厥轩】

高考是于老师坚持要我去的，我那个时候其实内心是蛮痛苦的，因为父亲过世了，我要养母亲，那时我在鞍山中学做代课老师，一个月36块。于老师讲：你无论如何一定要去考大学，如果你考上大学没有工资，我来帮助你。我考大学，还是听了于老师的话。

于漪与学生王厥轩合影

王厥轩当时正带着学生下乡劳动，等他回沪，离高考只有短短20多天了。于漪的一再劝说，终于让王厥轩赶在最后一批完成了高考报名。剩下只有20天的时间，王厥轩只复习了数学和政治，语文几乎没有复习便走进考场。

上海14万考生，仅录取1万人。语文成绩90分以上的仅50人，王厥轩的语文考了91分，顺利踏入上海师范大学中文系的大门。

此后，王厥轩也选择在语文教育的道路上阔步向前，而于漪总是倾力相助，与他并肩而行。于漪对于王厥轩而言，亦师，亦母，是同志，也是战友。

【于漪】

我觉得师爱是超越了亲子之爱、友人之爱，因为这种

一辈子做老师，一辈子学做老师

爱并不是一种血缘的关系，但是它包孕了崇高的使命感和责任感。

当老师的最大的欣慰莫过于桃李满天下。于漪帮助过的学生，今天很多都有了不小的成就，他们常常回来感谢于老师。

【于漪】

他们来谢谢我们，我们跟他们讲，其实我们没有要哪个报答的，只要你为祖国服务，这就是对我们最大的感谢。

【王平】

于漪老师的爱是无私而博大的。特级教师津贴 40 年来她从未拿一分，全部资助了学生，而她的儿子一直到工作时都没舍得买过一双皮鞋。

从 1951 年站上讲台，到 2002 年退休，于漪从没有因为自己的事耽误过学生的一堂课。1965 年 6 月，于漪任教高三毕业班，正值冲刺阶段，独子黄肃重病一场。

【黄肃　于漪儿子，上海凯慧中学原副书记、副校长】

我当时是读小学二年级，生了败血症，那个时候每天的体温，大概都是 40 度跟 41 度，整整烧了两个星期。

【于漪】

后来半夜医生就找我们谈了，他说我们已经用了很多药，没有作用，我就哭了，我求医生救他的命。每天上半夜是我爱人去，那么等到下半夜我再陪他，扶他起来都是吐得我一身，那个嘴唇都烧焦了的，就哭啊，他说我难受死了，妈妈你不要去上班了，我也很难受。因为我也没有办法救孩子的命，但是我在教高三毕业班，到最后一个月不到是总复习，你高三毕业班一个班要五十几个学生，影响到他们的前途命运，所以我咬咬牙坚持了下去。

儿子黄肃曾经写过一篇文章——《母亲的那双眼》，在儿子深情的笔下，妈妈的眼睛是儿子生病时会心痛落泪的眼；是孩子受到欺侮时，痛苦愤怒的眼；是在三尺讲坛上慈爱无限、炯炯有神的眼。

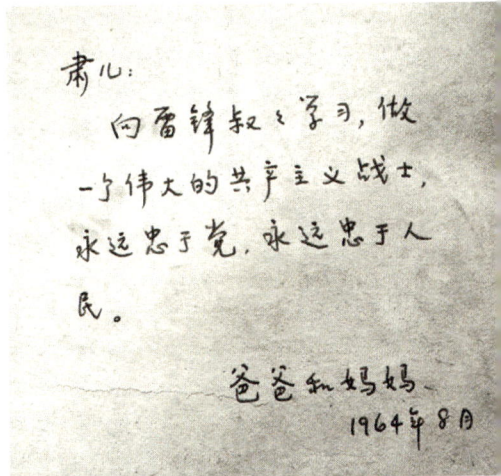

于漪与儿子黄肃

在于漪的心中，学生和儿子的天平，总是向前者倾斜。

那些年，黄肃的小屋子经常会有调皮捣蛋的小伙伴前来暂住，黄肃就带着他们看妈妈给自己买的各种书籍。

有一年，黄肃生日，于漪夫妇送给他一本《雷锋日记》。扉页上写着：肃儿，像雷锋叔叔学习，做一个伟大的共产主义战士。

【于漪】

他说我懂得了什么叫爱学生，爱学生就是要当他最困难的时候，最有生命诉求的时候，你帮助他了，所以他一辈子做老师，跟学生的关系非常好。

于漪对学生的大爱，深深影响着儿子黄肃，他也选择了教师作为自己毕生的事业。如今，黄肃的《雷锋日记》又交到了女儿黄音的手上，黄音也成了光荣的人民教师。于漪一家三代六位老师，接力育人，赓续师范。

于漪如今高寿，矍铄，总有一班孩子等着她，盼着她，她容不得自己生病，容不得自己休息。一个信念在心里，便勇往直前。

红烛啊！莫问收获，但问耕耘。

赓续师范

　　70多年来，于漪孜孜求索，甘当人梯，把全部的人生奉献给了祖国的教育事业，用忠诚、智慧、担当与奉献写就了一部为党育人、为国育才的史诗，熠熠生辉，彪炳后世。

赓续师范

以前学生的事没有小事，现在老师的事是没有小事。

2022 年，教师节前夕，鲐背之年的于漪，提笔为母校民立女中，现在的上海市第十中学亲书贺信，勉励青年教师，为创建高质量教育，恩泽莘莘学子作出新的贡献。

上海市杨浦高级中学坐落于四平路 999 号，她的前身是上海市第二师范学校，于漪在这里度过了将近 50 个年头。从青丝到华发，她伴随着这所学校经历了时代的滚滚洪流、沧海巨变。

1985 年，于漪担任上海市第二师范学校校长。由于学校反复更名、转制，二师的教学秩序并不乐观，这给刚刚上任的校长于漪，提出了全新的挑战。

1985 年，于漪担任上海市第二师范学校校长

【于漪】

学生穿金戴银，上课，拿个镜子出来涂涂粉，这样的话你将来怎么能够做教师，一个教师要影响多少孩子？

二师的学生，未来都将走上基础教育教师岗位，于漪由此创造性地提出"两代师表一起抓"，既抓学风，又抓教风。

【于漪】

一所学校一定要有精神支柱，精神支柱是无形的，但是大家要跟着它，就能够建成良好的风气，所以我们有8个字："一身正气，为人师表。"

现任上海市杨浦区教育局党工委书记的卜健，曾是上海市第二师范学校的学生。她每每说起于漪校长的各项改革举措，都如数家珍，格外兴奋。

【卜健　上海市第二师范学校1988届毕业生、上海市杨浦区教育局党工委书记】

当时我们学校就提出来，要推行准军事化管理，女孩子不留长发，都要剪短发，穿统一的校服。

二师八成以上的学生都是女生，得知学校要求剪短发、穿校服，起初，大家心里都很抵触。

【卜健】

不能穿自己喜欢的有个性化的一些服装，当时应该说还是有不少学生有抵触情绪的，于老师知道以后，就来到我们学生当中。她也不是很严厉地批评，学校的规定，你们怎么不遵守，她就笑嘻嘻地跟我们说：我也知道，我也是女性对吧？那女孩子都爱漂亮。这是很正常的，所以她说学校研究过了，就让你们一起参与校服的设计。

于漪与学生卜健

于漪鼓励学生们参与校服的设计，大家做方案，投票决策。还在全校开展"什么是当代师范生真正的美"专题讨论，引导学生们树立正确的审美观、人生观。

【于漪】

我说爱美是人的天性，但是应该是怎么美，应该是大方美，庄重美，健康的美，最后我们决定，用的是一个南极装，很漂亮，白衬衫，红领带。

于漪担任校长期间与二师的学生在一起

当学生们拿到自己亲手设计的校服时，美滋滋的心情溢于言表。

【卜健】

看看我们的校服，当时还配套校徽，就是第二师范学校的校徽，大家夸赞我们特别有精气神。其实穿在身上这兴奋，不仅仅是校服本身的漂亮，满足了学生爱美之心的年龄特点，还让我们增强了对学校、对教师这一职业的那种认同感，或者说归属感，甚至是一种自豪感。

于老师会自己亲自跑到我们学生当中来，她说：我想问你们一个问题，同学们，为什么培养老师的学校都要称之为师范学校？当时一问，倒是把我们给问住了，因为我们从来没想过为什么叫师范学校。于老师说：德高为师，身正为范。

【于漪】

我们的学生出去以后，有的领导、有的校长说是"二师现象"，因为他们有几个突出的优点：第一，就是责任感很强，知道自己的一言一行会影响孩子。第二，就是基本功全面，比如说我们的普通话全是 A 级，我都要一个一个落实的。写字全部是钱体，非常规范的，一笔一画的。

于漪通过种种举措，将"一身正气、为人师表"潜移默化地植根在学生们的心中，也深深地烙印在二师教师们的思想中。

当时，二师的教师队伍中将近一半是 35 岁以下的青年教师。于漪担任二师校长后，召开了第一次教工大会，她宣布了三条纪律。

一辈子做老师，一辈子学做老师

于漪与学生交谈

【于漪】

　　第一个，我们第二师范学校，是高中阶段的学校，因此教师要坐班，因为中专没有坐班的，我这是冒天下之大不韪的。第二个，我校长室门大开，背后话一句不听。我说学校最大的事情，就是一个心眼为学生，所有的事情都可以拿在桌面上谈，没有不可告人的秘密。第三个，恢复正常教学秩序，提高质量是每个人的责任。我只讲三句，其他没有。

　　看似简单的三句话，实则大刀阔斧。坐班制度让老师们安心教学；打开校长室的大门，不听小报告，培养教职工以诚相待的良好风尚；提高教学质量，则是从培养青年教师着手。

于漪与青年教师在一起

一辈子做老师，一辈子学做老师

【于漪】

一个学校能不能有勃勃生机？能不能持续不断地提升、进步？归根到底就是教师要和学生一起成长。

【任友群　教育部教师工作司司长】

从事基础教育的教师，责任大如天，而青年教师又是教育的未来和希望，因此于漪老师在做校长时，最大的事情就是培养好青年的教师。

【于漪】

校长是培养教师的第一责任人。

于漪要求各个教研组实行集体备课制度，教研组长每周都要听课、评课。尤其在于漪自己擅长的语文教学领域，她更是手把手地带教。和年轻人一起备课，一起设计课堂互动，一起复盘教学效果。

陈小英是于漪在二师带教的第一个青年教师，她如今已是上海市语文特级教师、全国劳动模范。

【陈小英　语文特级教师】

在教学改革上面，我记得好像是1993年到1994年的时候，我是跟我们组里面的另外两个青年教师搞了一个"语文课堂教学六步法"的教学模式，当时好像学生的反响挺好的，我们自己也很得意。显然于老师是为了保护我们的积极性，她没有做任何评说。但是后来有一次在组里面的青年教师评课的时候，于老师就说了：教无定法，语文教学怎么能够用几步法来把它框死呢？小英，你说对吧？我记得当时我听到于老师这一句话脸就红了。随着自己从事教学的时间越长，对教学的领悟越深刻，我就越来越能体会到于老师当时这一句话的意义，实际上是对我在语文课堂教学改革当中一种思想方法上的指导，它使我在后来的实践当中，始终能够重视语文教学内容的改革，而不是把自己思考的重点放在一些小的技巧方法和形式的东西上面。

【于漪】

我在这个专业上面有个三级网络：师傅带徒弟，教研组要集体培养，学校里头有专门的培养青年教师的教育教学评比比赛。

短短数年，二师的语文教研组便涌现了 5 名语文特级教师，与于漪一起组成了三代特级教师团队。

于漪打造的青年教师培养体系，在 1997 年二师转制为杨浦高级中学后仍然有效运行。

语文教研组也诞生了第四代特级教师，成为杨浦高级中学的一大特色。

【陈爱平　上海市教委教材和语言文字管理处处长】

我一直听于老师讲一个理念、一个逻辑，她说：培养教师队伍，才有好的学生队伍；有了教师队伍，对学生的培养才能最终到位地贯彻党的教育方针。因为这种逻辑，所以她对人的培养，特别是对教师，尤其是青年教师的培养，是她在学校做教育行政管理工作的一个非常重要的内容。虽然学校的校名换了，但是我们青年教师评优的届次一直是延续的，就是从于老师第二师范多少届，然后顺着次序一直排到现在的杨高，应该是 30 年有余的这样一个青年教师的评优。

【于漪】

因为那个时候我们主要的一个思想就是学校顶大的事情是一个心眼儿为学生，培养出国家放心、党组织放心、老百姓满意的小学教师，为我们的启蒙教育能够有一个良好的乃至优秀的起点。

很快，二师便由籍籍无名的普通中专，一跃成为全国师范学校的佼佼者，培养了一大批优秀的青年教师和师范生。

【袁采　原上海市教育局局长】

二师不仅仅是一所师范，她把它办好了，而是她的理念，她的模式，她的管理的经验，她的教育思想，还影响到整个基础教育的其他方面，她带出来的队伍，她培养的学生，更是更久远地影响着上海的基础教育，上海的小学教育。

直到 20 世纪 80 年代，世界教育史上，还没有学者系统、完整地研究过"教师"这门学问。

享受校园之美

　　于漪认为，这对教育事业是巨大的损失。经过长期的思考积淀，她提出，要建立专门的、成体系的"教师学"及其研究机构。

【于漪】

　　中国学生是一两亿，这么大的体量，世界上是没有的。要有一个组织，能够研究基础教育教师的责任义务，这样才能够让它有学术地位、政治地位，这样才能够把队伍组织起来，不断地提高。

　　1986 年，在于漪等多位名师的奔走努力下，上海市教师学研究

一辈子做老师，一辈子学做老师

上海市教师学研究会首届年会合影

会正式挂牌。这是中国第一个教师学会，于漪担任首任会长。此后，教师学会积极组织调研、讨论，及时推广教师学研究成果，提升教师专业化发展水平，为上海建立一支德才兼备、合格稳定的教师队伍作出了巨大贡献。

1999年，于漪主编的中国第一部现代教师学理论著作《现代教师学概论》出版，首次准确揭示了教师职业和教师群体的规律性特征，从理论与实践两方面总结了提高中小学教师素质的方法论，明确了教师学的研究方向和学术价值。随后，"现代教师自我发展"丛书问世。这是一部于漪主编、广大青年教师集思广益的鸿篇巨制。

【于漪】

我并不是找哪些专家去写的，我都是找青年教师、骨干教师，我为什么要他们写，就是要他们首先学习、钻研，研究了以后你去实践，他本身就提高了，所以我们写书并不是说为了出书，是为了培养教师。

【王厥轩】

这篇后记里面讲到了，所谓教育质量，本质上是教师的师资质量，师资质量是整个学校的灵魂。

教师学研究会，在学术研究之外，最重要的工作就是培养青年教师。于漪深入到各个区县，走访了解青年教师的情况。针对郊区师资落后的问题，教师学研究会还开展了"种子工程"培训工作。由于漪领衔，培养农村骨干校长和教师 600 多名。

【李骏修　上海市教委原副主任】

特别是对郊区、远郊区的这些教师的成长很关心。

【于漪】

我说输血总归是有限的，一定要造血。

【王荣华】

郊区要好怎么办，她说一定要有"种子工程"，让他们

一辈子做老师，一辈子学做老师

不是来一下就走，要他扎下根来。

【于漪】

我们把这些教师组织起来，把他们作为培训者的培训，让他们来培训他区里的老师，县里的老师，叫"种子教师"。

于漪退休后，曾经有企业以 60 万元年薪聘请她担任顾问，被她婉言谢绝。她的理由很简单，她说她还要去培养青年教师。

2005 年，上海市教委启动普教系统名校长名师培养工程。76 岁高龄的于漪兼任了上海市首届中学语文学科名师培养基地主持人。

谭轶斌是第二师范学校 20 世纪 90 年代的青年教师，也是于漪名师基地的成员。

【谭轶斌】

有一次基地的研讨活动是在华师大三附中，位于金山石化地区，特别远，我们就劝于老师：您不要去了。但是她坚持要去。到了华师大三附中以后，她马上就投入到紧张的听课当中。那个年级有 4 个班，

于漪与谭轶斌合影

上午安排了3节课，于老师就在3个班级听了课，后来偶然听说没有被听到课的班级的学生特别的失望，所以上午听完3节课之后，已经到中午12点了，于老师很简单地吃了两口饭，说：小谭，我要去另外一个教室看一看。然后我就陪着于老师到了另外一个教室。孩子们看到于老师都欢呼起来：于老师您好！于老师，我们终于见到您了！那个时候我觉得，阳光从窗外照进教室，孩子们的脸上是那种幸福的笑容，而于老师的脸上尽管有岁月的痕迹，但是依然焕发着一种生命的活力，她始终做什么事情都首先不能让学生失望，不能让老师失望。

【于漪点评青年教师公开课】
今天这堂课，詹老师是力求做到这一点，尊重学生。他对学生提的问题、质疑的问题以及讲述的问题，都是以平等的口气，亦师亦友的口气来讲的……

于漪对青年教师的课堂表现非常重视。她从不错过每一次听课、评课活动。

【王荣华】
她认为教师主要就是在课堂上练的，课堂上培养出来，课堂是主阵地，课堂是真本领。

【李骏修】

那么整个过程从策划开始，一直到教研、到备课、到展示、到评价，有很多场次于老师是手把着手参与的。

在名师基地的活动中，于漪送给学员们一句深情的话语："我老了，已经属于历史，青年人是一定要顶起上海语文教学这片天的。"

陈爱平、兰保民、谭轶斌、黄荣华，从名师基地走出来一批又一批特级教师，成为新世纪上海基础教育的中流砥柱。

【黄音】

我经常会看到很多老师，寄信寄到杨高，只要她身体允许，她就会一封一封地给人家回信，爷爷还在的时候就会说：哎呀，于漪，好好休息休息了，你自己身体也不好，干吗呢？奶奶当时就说了一句话，她说：以前学生的事没有小事，现在老师的事是没有小事。她就像是一盏灯一样，有她在，灯就亮着，这一盏灯指引了我们前进的方向。

2020年9月，上海"于漪教育思想研究中心"揭牌，成为扎根杨浦、立足上海、辐射全国的高水平教师发展研究、培养基地。

【王平】

于漪老师的教育教学思想是一笔宝贵的财富，成立这个中心一是不断总结和丰富"教育家精神"；二是不断地探索于漪教育教学思想的推广、转化和应用的路径；三是不断

赓续示范、薪火相传

培养更多于漪式的好老师，助力上海乃至中国基础教育事业的发展。

【吴蓉瑾　时代楷模、上海市黄浦区卢湾第一中心小学校长】

无论时代怎样飞速变化，她始终用她的实际行动告诉我们，一个老师她所要做的是什么？就是培养学生的高尚的情操，培养学生家国情怀，能够为学生立魂树根。

【翁铁慧】

教育是党之大计、国之大计。习近平总书记说，一个人遇到好老师是人生的幸运，一个学校拥有好老师是学校的光荣，一个民族源源不断涌现出一批又一批的好老师则是民族的希望。

"于漪的心中全是学生，她的希望全在青年教师！"70多年来，于漪孜孜求索，甘当人梯，把全部的人生奉献给了祖国的教育事业，用忠诚、智慧、担当与奉献写就了一部为党育人、为国育才的史诗，熠熠生辉，彪炳后世。

编导手记

　　于漪老师的"大"，在于一辈子贴地而行的人民立场。于老师的"大"，在于"我为人人"的自觉和对"人人为我"的感恩。于老师的"大"，在于最低谷时不失自我，自强不息；又在最顶峰时虚怀若谷，兼爱天下，她是我们这个时代当之无愧的"大先生"。

我一辈子的生命，是和肩负着的历史使命结伴同行。

赓续，师范

上海教育电视台副台长、纪录片《大先生》总策划
姚赟勤

　　说到上海教育，你第一时间会想到什么？我会想到耕耘在教书育人一线的那些名校长、名教师。说到名校长、名教师，你又会首先想到谁？我会想到她——于漪先生。于老师不仅自己就是名校长、名教师，她还培养出了并至今依然还在培养一大批的名校长和名教师。

　　2016年，上海教育电视台和上海市师资培训中心联合打造了5集专题片《师范》，有幸参与其中，让我对于漪老师的了解较过去仅仅通过新闻采访的方式又深入了一步。至今，我的手机里还保存着当时《师范》项目工作群里的这段文字：

　　　2016年9月3日。

　　　杨浦高级中学。

　　　又见到于漪老师！又见到于漪老师！又见到于漪老师。

　　　当于老师刚进来时，虽早有预料，但是我仍然呆住了——连拍照都忘记了，只是鼓掌、发愣，视线追随着她，噙着泪。上午于漪老师作报告，从9点到11点半，从开始到结束，数位老师暗示、明示她少讲点，李老师趁倒水时小

一辈子做老师，一辈子学做老师

075

声提醒她。终于，到 11 点 25 分，李老师不得不在后面喊：还有 5 分钟！

于老师愣住，然后解释说：哦，不多了，马上就好，马上就好。

终于，11 点 32 分，于老师用惯常的话语作结：说得不对，请大家批评指正。

若此刻有人问我：你对于老师有何情感，崇敬、爱戴、佩服？哪一种？

我只想说：心疼她！是的，就是心疼她！心疼得你不想去打扰她，只想就这样远远地看着她，看着她。

一个 87 岁的以毕生信念与精力投入语文教育事业的老人，一个上个学期末骨折过的老人，一个今天仍然从头到尾参与活动怎么劝都不听劝的老人，我不想说什么崇敬、爱戴、佩服，我只想说：我心疼她！

其实，所有的学员，甚至其他的导师们都一样，内心是如此纠结与矛盾：能见到于老师真好；于老师您赶紧回去休息一会儿吧。

因为，我们都心疼她！

这是当时德育实训基地学员刘吉朋老师的一段培训感言，也道出了我们很多人的心里话。

不愿多打扰于老师，但又真的想用镜头更多地记录下于老师为学、为事、为人的风范。经过精心的策划准备沟通和一番强烈的思想斗争后，我们上海教育电视台的摄制组从 2021 年 5 月份开始，多次登门"打扰"于老师，直到 2022 年 10 月 15 日大型系列纪录片《大先生》在教视荧屏开播。因为，我们想用真实的影像和诚挚的匠心勾勒出"人民教育家"于漪的世纪人生。

这一次，我又有幸参与其中。

回望这一年多，感触颇深。自《大先生》立项以来，全体项目组成员对于漪先生的崇敬与敬仰、对主旋律题材的热爱与追求，都浓缩在这部纪录片之中。为了更好地讲述故事、呈现人物、表达主题，我们在各部门中抽调资深编导，聘请专业学术顾问，多次展开研讨，用礼敬的态度、最高的标准，致力于将《大先生》打造成为一部精品力作。也许是好事多磨，2022 年上半年新冠肺炎疫情扰乱了我们原本的计划，为了不影响节目的上线推出，一次又一次线上会议，一场又一场头脑风暴，一轮又一轮文案推敲在"云端"紧锣密鼓地进行……最终，我们达成了统一的共识，确定了节目的样态，以诗意的表达、纪实的风格、融媒体的传播，全方位讲好于漪先生的鲜活故事和教育风采，弘扬师范精神，记录奋进时代。

回归人物本色，致敬师者楷模

于漪先生是德高望重的教育家，她长期躬耕于中学语文教学事业，曾荣获"全国教书育人楷模""改革先锋""人民教育家"等称号，为推动全国基础教育改革发展作出了突出贡献。

作为基础教育界的燃灯者，于老师一生都在三尺讲台坚守，她事迹丰富、功绩卓著，怎样在卷帙浩繁的人物素材中，厘清人物发展脉络，找到想要表达并能与观众产生情感共鸣的主线，成为编导组在创作初期不断思考的问题。为此，《大先生》没有采用"人物传记"惯用的科普式叙述手法，而是用平实的视角，增强纪录片的感染力和贴近性，拉近和观众之间的距离。节目全程采用 4K 高清摄制，精心选取了于老师从教一生的关键事件和节点，以她的生活经历、教学实践、学术思想为访问脉络，设计"教文育人""心怀家国""红烛微光""赓续师范"4 个篇章，描摹出她的教育观、人生观逐层递进的发展轨迹。

上海教育电视台是教育系统的重要宣传阵地，多年来，几代教视记者与于漪先生结下了深厚的情谊，绿叶镜头也记录下她大量的教育实践。这次为了全方位还原这位可亲可敬的"大先生"，我们用了大量的时间整理于漪老师相关媒资近一百个小时，并择其优者在片中加以呈现，其中有一部分更是首次出现在荧屏上的珍贵镜头。

创新视听表达，立体塑造人物

作为纪实人物题材创作，我们保持了风格的完整性，从情节到情感，从事件到人物，我们有意识地选择了于老师不同阶段的重要教育经历，既有全局的宏阔视野，又有人物的微观视角，有成长与奋斗，有浪漫与写实，有过去与现在，这些对立的因素统一在一起，以期形成巨大的艺术张力。回忆起片中让人印象深刻的细节：少年于漪在战乱中艰苦求学，明白了个人与国家民族荣辱与共，熔铸为国育才的初心；青年于漪刻苦钻研语文教学，即便是同一篇课文，她也绝不用同样的方法教第二遍……不同时期、不同经历都让于漪的人物性格在镜头中变得更加丰满。片中一些因为历史久远而难以呈现的画面，我们创新采用了插画的方式去雕琢，再加上音乐与影像的巧妙配合，极大丰富了纪录片的内容感染力。比如，在《大先生》第二集于漪回忆起山河破碎的童年时，《苏武牧羊》的深沉曲调在耳畔响起，画面由彩色转为黑白，叙事空间在历史和当下之间来回切换，那份对敌人侵略的家国仇恨在于漪心中埋下的种子，也同样在观众心中激荡起层层涟漪。

典型环境中典型人物的塑造是影视艺术创作永远追求的主题，为此，我们在选景、运镜、结构上不断打磨，提升视听品质，用娓娓道来的旁白和人物同期声，将"人民教育家"的铮铮风骨与师者大爱的拳拳之心展现得淋漓尽致。比如：于漪先生的言谈举止和她的生活环境水乳交融共为一体；她的眼神、习惯动作和她的喜好、衣着都能侧写出人物的性格和棱角。为了更深入地走近于老师、了解于老师，我们还前往京苏浙等地，依据不同板块内容采访了她的学生和家人，选择了他们过目难忘、生动感人的细节故事。教育部党组成员、副部长翁铁慧不仅欣然接受《大先生》的采访邀请，还与我们分享了2005年她在牵头制定实施"两纲"时，于老师如何全情投入给予支持。尽管当时于老师已近80岁高龄，但她仍然活跃在教坛一线，领衔学科德育工作室建设，手把手教出一批批骨干教师。"在我心中，于漪老师不仅目中有人、心中有爱，而且胸中有家国，肩上有担当。她的身上集中着人民教师应该具备的所有品格。"上海市教育卫生工作委员会副书记、主任王平在接受《大先生》专访时如是说。

折射教育发展，点亮奋进时代

于漪先生的教育实践和思想探索对新时代教育改革起到了深远的影响。《大先生》不仅记录了于漪先生个人的生平故事，更展示了时代前行的铿锵步伐。在于漪先生的成长经历和人生故事里，我们一同回望了 20 世纪中国社会的思想发展、教育改革和社会变迁的史实，通过对教育系统诸多权威人士、教改当事人的采访，我们清晰地梳理了改革开放以来，上海基础教育的改革脉络，看到了从应试教育向素质教育全面转变的历史过程，见证了上海"两纲"工作的持续推进，史实准确，叙述严谨，呈现了一代代教师接续奋斗，为振兴新时代教育事业努力前行的坚实足迹。

伟大时代呼唤伟大精神，崇高事业需要榜样引领。习近平总书记在中国人民大学考察时强调，"老师应该有言为士则、行为世范的自觉，不断提高自身道德修养，以模范行为影响和带动学生，做学生为学、为事、为人的大先生"。教师是国家教育发展的基石，关乎着国家和民族的未来。历史的使命赋予每一位教师，伟大的时代呼唤更多优秀教师。今天，我们用《大先生》记录于漪，就是从教育大家的奋斗历程中汲取榜样的力量，指引观众传承精神、接续奋斗，呼唤更多新时代"大先生"。

心中有信仰，脚下才有力量。第二个百年奋斗目标的新征程已经开启，以优秀的电视文艺作品为中华民族伟大复兴赓续力量，是每一个传媒人矢志不渝的初心使命。下一步，我们将继续聚焦时代发展变革，讲好教育故事，体现党媒的政治站位和文化自觉，创作出更多真正留下时代回响、镌刻时代记忆的影视精品。

教育，民族之命脉；先生，教育之魂魄。

纪录片中的"侧面"于漪

——《大先生》创作散记

上海教育电视台总编室主任、纪录片《大先生》总制片人
王东雷

为于漪老师拍摄一部纪录片的想法缘起于 2021 年底，当时上海教育电视台正在为国家功勋办拍摄于漪老师的口述实录，于漪老师 70 多年的教学实践和孜孜不倦的教学研究，她获得的无数荣誉与褒奖，足以让我们有充分的理由为她打造一部全景式记录她教育人生的纪录片，更何况作为专注于教育领域的行业电视媒体，我们积累了相当丰富的，甚至有些是独一无二的于漪老师教学及社会活动的影音资料。

不过，摩拳擦掌的创作团队面对的是困难重重的现实。一入手，编导们发现，尽管我们存有大量的影音资料，但大多是 10 多年之前拍摄的新闻和专题，有的甚至更早。于漪老师今年已经 93 岁高龄，由于身体原因，这些年来她深居简出，极少参加社会活动，所以近些年的影音资料比较少。拍摄口述实录，也是充分考虑到于老师的身体状况，采取分段式慢节奏的拍摄方法循序渐进。如果按照剧本的要求，大范围大幅度地拍摄于漪老师的生活工作场景是不现实的。这也仅仅是其一。

之前关于于漪老师的电视片有很多，不过体裁均为专题片类型，或者说是人物专题片。100分钟体量的纪录片可以说是上海教育电视台的首创之举。专题片和纪录片最大的区别在于大量的场景叙事，用镜头语言表现人物的事、情、理。于漪老师出生于镇江，就学、工作于苏州、南京、上海等地，生活场景丰富，年代跨度久远，需要拍摄采访的内容非常之多。2020年初开始的新冠肺炎疫情，不断打乱中断摄制组的拍摄计划和进程。在拍摄进入最为忙碌的2022年上半年时，整个拍摄进程又因为上海的新冠肺炎疫情中断了两个多月，这让纪录片《大先生》创作团队一筹莫展。这是其二。

其三，于漪老师曾荣获"全国先进工作者""全国三八红旗手""全国教书育人楷模""人民教育家"国家荣誉称号，她的事迹频频见诸各类媒体，可谓家喻户晓。怎样在耳熟能详的于漪老师的事迹中发现更为鲜活的事例，既能全景式地记录她的教育人生，又能凸显她为人为学为师的品格，是摆在编导们面前的又一大难题。

2022年10月中旬就要在电视上播出的展现"人民教育家"于漪教育人生的大型纪录片《大先生》，已经是箭在弦上，留给节目组的时间很少，文本定稿之后进入后期制作，距离全片播出只剩下两个月多一点的时间，拍摄大量新鲜素材已经不可能，而全国各地时隐时现的新冠肺炎疫情也彻底打消了我们还想实地拍摄采访的念头。我们下决心，要在手头的素材没有任何增量的情况下，千方百计完成这部大制作，而且要让观众耳目一新，要让看过这部片子的人叫好。

2022年10月15日，《大先生》在上海教育电视台首播。

于漪老师的孙女黄音看完4集纪录片《大先生》后告诉编导组，

这是一部好片子，从来没有那么多翔实的细节出现在纪录片中，除了于漪早年上公开课的实况录像，尤其让她印象深刻的是于漪在家中读杜甫《三吏三别》的诗句，在镇江北固山诵吟辛弃疾的《南乡子·登京口北固亭有怀》，给摄制组哼唱京剧《贵妃醉酒》的三个场景，让她看到了平时不太常见的奶奶的豪情壮志和闲情雅致。

一位女观众给电视台打来电话，问《大先生》什么时候重播，片中于漪老师的学生蒋志萍讲述的一段往事让她感到很有教育意义，她要带着读小学的儿子一起看。片子中提到的蒋志萍是于漪老师20世纪70年代在杨浦中学担任班主任时的学生，是个"皮大王"，因为经常欺负同学被父亲体罚甚至赶出家门。为了缓解父子之间的紧张情绪，于漪暂时把蒋志萍带回自己家照顾，她的悉心照料和循循诱导，让蒋志萍慢慢省悟做人的道理，这段经历让蒋志萍终生难忘。蒋志萍后来事业有成，每年春节都会和老同学一起去看望于老师，他也是于漪最为挂念的学生之一。

在纪录片《大先生》中，穿插了好几段于漪老师在担任班主任、校长期间，与学生、教师的故事，纪录片通过采访、讲述、情景再现的方式，用他人的经历凸显于漪老师教书育人的点点滴滴。

其实这种叙事手法在纪录片体裁中很常见，但是在《大先生》这样讲述于漪老师教育人生的电视片中，怎样处理这些鲜活感人的故事，编导组成员起初还是有些不同意见的，有的人认为于漪老师教过的学生、帮助过的人太多，说谁不说谁，究竟拿什么做标准？也有的人认为，于老师做教师当校长搞科研带梯队，要说的故事很多，100分钟的篇幅也未必讲得下来，讲别人的故事太浪费时间。但是大家经过几番讨论，最后还是达成了一致意见，讲述学生的故事恰恰最能反映把"一辈子做老师，一辈子学做老师"奉为人生格言的"人民教育家"于漪的精彩人生。

于是，在第三集《红烛微光》中，于漪不同年代的学生纷纷出现在片中，成为这一集的主角，在上山下乡期间得到于漪帮助的祁世文、被父亲赶出家门的"皮大王"蒋志萍、三年困难时期高烧卧病在床于漪为其送去面包的肖龙宝、恢复高考后于漪一再鼓励报考大学的王厥轩，这些学生人生中的成长故事，勾勒出一幅幅于漪孜孜不倦、教书育人的生动图卷，而学生成为这一集的主角也恰恰是教师题材纪录片不可或缺的要素和特点。

纪录片的叙事结构很重要，把故事放在哪里讲？怎么讲？也许是片子能不能吸引人，能不能突出主题的关键。通过影像刻画人物性格，成为纪录片《大先生》剪辑中考虑的重要因素之一，在全片中有多个实况片段令人印象深刻，我把它们称为于漪的"侧面"。而这些"侧面"和直接书写于漪求学教学、育人铸魂的"正面"构成了一个立体的多维度的于漪。

何处望神州，满眼风光北固楼，千古兴亡多少事，不尽长江滚滚流。

2016年，87岁的于漪回到阔别多年的故乡镇江，信步北固山，兴致盎然，踌躇满志，吟诵了一段辛弃疾的《南乡子·登京口北固亭有怀》。在《大先生》第二集《心怀家国》的一开始，编导采用了当时跟拍的一段长镜头，给观众展现了于漪胸怀家国、报答苍生的一个中国知识分子修身齐家治国平天下的情怀。作为第二集的序幕，这段长镜头直接用画面和同期声点题，个性鲜明，畅快淋漓，使人印象深刻。

在第二集《心怀家国》中，于漪在家中诵读杜甫《三吏三别》的场景让观众体会到于漪幼年时经历兵荒马乱、山河破碎的生活遭遇，找到她爱国主义思想形成，立志投身教育事业，毕生为党育人、为国育才作出奉献的内在逻辑。

一男附书至，二男新战死。存者且偷生，死者长已矣！
室中更无人，惟有乳下孙。

这段诵读，是在摄制组拍摄于漪口述实录的时候，于老师即兴为在场的编导诵读的杜甫诗句。93岁高龄的于漪告诉我们，幼年颠沛苦难的经历，让她在众多的中国诗人中特别钟爱杜甫，杜诗的沉郁顿挫总能激起她对天下苍生的悲悯与深情。这也是于漪后来较早在教学中提出学科德育命题，将"教文育人"发展为"教书育人""全面育人"的缘由之一。如同于漪所说："首先它（教育的目标）是一个政治认同，没有中国共产党就没有新中国；第二个我们就谈到国家意识；第三个我们就叫文化自信；然后就是公民人格，所有的老师他并不是一个教书匠，并不是一个工具，而是一个育人的人。"第二集《心怀家国》通过两段古诗吟诵，串联起于漪早年颠沛流离、青年时期潜心苦读，以及她后来从家国情怀发展到报国育才的心路历程。

《大先生》最后采用的是2018年上海市庆祝第34个教师节主题活动中于漪带领青年教师宣誓的一段实况。拿什么作为全片的结尾，曾经让编导组全体成员内心纠结了好久。全片的开端采用的是2019年9月29日在北京人民大会堂金色大厅,中共中央总书记、国家主席、中央军委主席习近平给当时91岁的于漪佩戴上"人民教育家"国家荣誉称号奖章的一段实况,起势可谓宏大。按照传统文章"凤头、猪肚、豹尾"的笔法,这个"豹尾"在哪里呢?

于漪一生教书育人,这是她人生的写照,从"教文育人"、"心怀家国"、"红烛微光"到"赓续师范",四个篇章最后需要一言以蔽之。于漪说过"学生的事没有小事",她教过的学生、她培训过的老师,这些也许是她生命中最最重要的人。纪录片《大先生》最后的结尾这样概括于漪的教育人生:"于漪的心中全是学生,她的希望全在青年教师! 70多年来,于漪孜孜求索,甘当人梯,她把全部的人生奉献给了祖国的教育事业,用忠诚、智慧、担当与奉献写就了一部为党育人、为国育才的史诗,熠熠生辉,彪炳后世。"这段话

2018年上海市庆祝第34个教师节主题活动中于漪带领青年教师宣誓

需要一个非常贴切的画面来对应其隐含的意义。我们在几百个小时的视频素材中找到了 2018 年教师节活动中于漪带领青年教师宣誓的实况，这也是年迈的于漪最近一次出现在教师节活动中的场面。于漪的声音铿锵有力："我宣誓，忠诚人民教育事业，依法履行教师职责，为人师表，敬业爱生；严谨治学，修身立德；启智求真，恪守有教无类；因材施教，注重创新发展；为科教兴国，上下求索，为民族复兴，广育英才。宣誓人：于漪！"

用这段带领青年教师代表在教师节的集体宣誓作为全集的结尾，与开场的授勋典礼遥相呼应，从整篇的寓意来说，通过讲述"大先生"于漪毕生的追求，最终回归到做一名人民教师的初心使命。

2022 年 4 月 25 日，习近平总书记在中国人民大学考察时强调，"老师应该有言为士则、行为世范的自觉，不断提高自身道德修养，以模范行为影响和带动学生，做学生为学、为事、为人的大先生"。纪录片《大先生》的诞生正是回应了总书记的指示要求，为新时代教师队伍建设提供了楷模的指引，榜样的力量。

我眼中的"人民教育家"于漪

上海教育电视台新闻中心主任、纪录片《大先生》统筹
金 山

在上海历史上，涌现过很多教育家，有崇尚"爱满天下，学做真人"的陶行知，有不断推行"活教育"理念的陈鹤琴，有提出"第二课堂"的吕型伟，但在当下，要说能够担得起"教育家"三个字的，我心中唯有于漪先生。

2005年，刚刚从大学毕业的我进入了上海教育电视台。进台不久，我参加了台里一次关于教师节节目的策划，当时大家很快确认了"师说"，并将其作为整台节目的主题，关于节目内容也是各抒己见，整台节目的内容框架很快有了大致的轮廓。当时，节目导演袁莉提出，压轴节目要围绕于漪老师来设计。这是我第一次听到"于漪"这个名字。作为导演组的编导，我仔细阅读了很多关于于漪老师的故事，看了不少视频资料，也渐渐走近了这位师德崇高的大先生。当时，于漪老师在上海教育界已经是德高望重的名师，她的名言"一辈子做老师，一辈子学做老师"，在广大教师群体中，已深入人心。在节目中，怎么全新呈现这位大先生的教育故事，当时我们真的动足了脑筋。

为了更好地挖掘故事，我从同事那里要到了于漪老师家的电话，

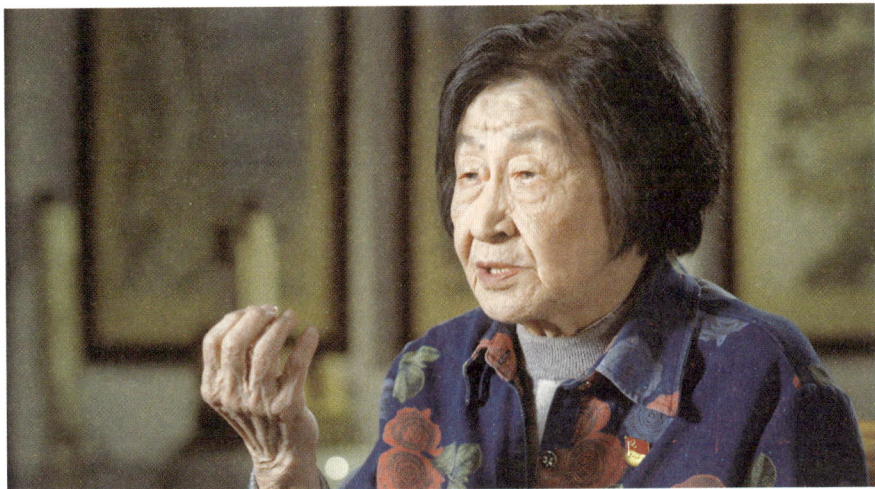

于漪接受纪录片《大先生》节目组采访

想登门拜访一次。本以为于漪老师这样的大忙人会拒绝，没想到她欣然答应。第一次去于漪老师家，我怀着忐忑的心情，也许是看到了我的不安，她帮我泡了杯茶，还拿出一些零食递给我，我不安的心很快就放松了下来。在和于漪老师的交谈中，她谈笑风生，和我介绍她最早是历史老师，后来服从组织安排，改教语文。那时，她连最基础的汉语拼音都没学过，凭着一点一点地钻研，一点一点地学习，硬是把中文系的主要课程吃透，后来还独立钻研了上百篇教材。我记得当时我拿着笔记本基本没有停下过记录，就这样听于漪老师给我讲了一个多小时的育人故事。而那时于漪老师已经近80岁高龄，但说起教育，谈到她的学生，我可以感受到她发自内心的那种幸福感，也让我的敬佩之情油然而生。在于漪老师的推荐下，当时我还采访了她的几位得意门生。谈到于漪老师，他们都是赞不绝口，说于漪老师不仅教给了他们学识，更是教会他们做一个堂堂正正的中国人。

在《师说》节目的现场，压轴的呈现，我至今记忆犹新。当时，导演组通过多番走访，找到了十几位于漪老师班主任带班第一届的学生。当大屏幕徐徐打开，于漪老师缓缓走上舞台，听到主持人的介绍，看到台上那些两鬓也已斑白的学生，喜极而泣。令我意外的是，虽然已经几十年没有见到，于漪老师竟还能叫出其中很多人的名字，还能回忆起他们学生时代的往事。节目结束，于漪老师拉着我们的手不停地感谢，说收到了一份最珍贵的教师节礼物。那些两鬓染霜的学生感慨地说，于漪老师对于我们来说，亦师，亦友，亦母。节目中，有段对白让人动容，回顾半个世纪的教学生涯，于漪说："做老师三生有幸。"而学生则说："做她的学生，三生有幸。"

在后来的记者生涯中，于漪老师作为上海基础教育界最权威的名师之一，我在很多场合都会遇到。她常说，教学是她一生的事业，教育一个肩膀挑着学生的现在，一个肩膀挑着国家的未来，而她也以实际行动践行着她的教育思想。已经退休的于漪老师，把大量精力花在了对于年轻教师的培养上。那时，上海推出了培养名师名校长的"双名"基地计划，这也是上海教师梯队建设的创新之举。作为上海市"名教师培养基地"首位主持人，于漪老师每周都要去各个学校听课、评课。她主持的"语文学科德育实训基地"每年要培养几十名有潜力的优秀青年教师，每一个都是她手把手往外带。一个一个学校地走，如此大的工作量，大家都非常担心她的身体状况，于漪老师却笑着说："能多做一些就是好的。看到教育事业后继有人，我高兴！"我曾在一次"双名"基地的活动中，看到她到了学校就一头扎进教室。孩子们都伸长了脖子，盼望于老师能到自己的班上来听课，可于老师没有"分身术"，尽管她一个上午已听了三节课，但还是有一个班级的课没法听到。中午，于老师快速地扒拉了两口饭，撂下筷子就往那个教室赶去，她说要去和同学们见见面，因为她这辈子最见不得的，就是孩子们失望的表情。

于漪老师是一位很纯粹的人，一身正气，为人师表，面对教育问题，她总能直击问题本质，给出最犀利的评价。例如，在一次采访中，于漪老师就曾和年轻教师们探讨："育人不是育分！我们现在老是强调学生竞争，错了，首先是合作，合作才能共赢！"她说："我们现在就是把一些不应该让孩子身上有的，无序的竞争使得孩子很焦虑。其实我今天比昨天进步，我就是很好了。"又比如，在一次论坛上，于漪老师谈到，现在很多孩子毕业纪念册上的赠言多为"祝你成为富婆""祝你成为百万富翁""祝你成为总裁"。她忧心地表示，"学生为谁而学"这个问题少有人追问，教育工作者应该在学生的学习动机和动力方面多下点功夫。于漪老师在北京接受"改革先锋"表彰后，回沪接受采访时说："我的梦想就是在这样一个纷繁复杂的环境里，我们国家的年轻人能够立志做科学家，为国家的富强出力。"在她看来，个人的生命是有限的，国家的富强才是全国人民的大福。类似的对于当下教育各类现象的观察、评价和思考，我们在各类场合都会一次次地受到教育和启发。

最近一次到于漪老师家中，是为了上海教育电视台25周年台庆，希望于漪老师能拍摄一段寄语，却再一次听到了于漪老师讲述当年《ETV家庭教师》录制时到处借教室的故事；听她谈起，她作为市人大代表，为了成立教育台到处奔走的故事；听她说起，她来

一辈子做老师，一辈子学做老师

录制《师说》时的趣事……当时已经 90 多岁高龄的她，依旧侃侃而谈，还是如当初那么平易近人。

　　《大先生》的拍摄制作，让我再一次找出了大量曾经拍摄于漪老师的视频资料，回忆起她的谆谆教诲。我也希望《大先生》这部上海教育电视台上下用心呈现的纪录片，能让更多的人共同走近于漪，一起感受这位"大先生"带给我们的感动和力量。

阳光　绿叶　种子

上海教育电视台节目中心主任、纪录片《大先生》统筹
范冬虹

　　上海教育电视台的台标是一片绿叶，教育卫生领域的名师、名医是我们镜头锁定的"明星"，文化、科技、思想，是我们节目凝聚的主题，他们都是绿叶台奉献心力托起的红花。曾经，《一代名师》展现了30位名师潜心治学、淡泊明志的名师风范和学人风骨，浓缩了中国近代教育、科技发展的艰辛历程和辉煌成就。《名医大家》聚焦了31位医学大师为人类医学事业、为守护患者的生命健康孜孜不倦、执着追求和无私奉献，刻画大医风范、大家品格，展示出"中国医师主体意识中的精气神"。100集短片《院士礼赞》介绍百位各学科领域院士，锻铸科教兴国的脊梁。《杏林流芳》展示上海市13个海派中医流派……所以在教育台有一种别样的福利，那就是无处不在的"学习"。在教育台，工作不仅仅是电视节目的制作，更是不断地走近优秀人物，在对优秀人物和他们优秀思想的探究、理解和表现过程中，同步接受了他们的濡养，摄制节目的每一个环节都会成为自我提升的阶梯，每做一部新节目就会认识一位良师，收获一份新知。

　　在老中青多代"绿叶人"中，大家都有幸有过交集、都非常敬

一辈子做老师，一辈子学做老师

重和喜爱的，当属于漪老师。2019 年春天，上海教育电视台建台 25 周年时，于漪老师说，她有幸见证了 25 年前教育电视台的顺利开播那极富历史意义的一刻，由衷地感到高兴和自豪。作为一名教师，自己是与上海教育电视台相伴成长的。绿叶台开台之初，面临场地和经费两大难题，但她欣然应邀，在复旦大学教室临时搭建的演播棚录制了《ETV 家庭教师》，通过摄像机镜头，她带领荧屏那端千千万万的学生和家长遨游广阔的写作天地，体察五彩缤纷的自然和社会生活，感受用心思、花力气做文章的苦与乐。

近 30 载绿叶台发展路上，各代"教育新闻"（后更名为"教视新闻"）记者都报道过于漪老师，教育台的各类专题片、教师节庆祝活动里也总少不了于老师的镜头，因为于老师从来没有停下过教师培养、教育研究的脚步，教材改革、教师培养、理论研究……各类活动不断看到她忙碌投入的身影，研究文章、专题访谈以及专著等成果接续推出……她丰硕的教育经历和成果，就像太阳的光芒吸引着教育传媒人镜头，一代代"绿叶人"，也就与这位可亲可敬的老师结下了一份绿叶情结。为于老师做一部片子，是很多"绿叶人"的心愿。

2021 年国家功勋办部署为各位共和国功勋人物进行口述史料录制整理的工作，绿叶台有幸领受对于漪老师采访的任务。孙向彤台长、姚簪勤副台长亲自挂帅，总编室和节目中心成立了联合工作团队，设立专人负责，并自我加压，除了完成功勋人物口述史料的录制整理，还要打造一部反映于老师教育生涯、教育思想全貌的人物纪录片！孙台长亲自策划，为片子定名《大先生》，后期，他更是亲力亲为，为 4 集人物纪录片进行了解说词录制。

于漪与范冬虹（右一）合影

　　台里统筹，跨部门联合成立团队，组成"响应快，作风好，有拼劲，能创新"的创作团队，是教育台专项工作的优良传统，能进入于漪专项工作组，可以说是让所有"绿叶人"引以为豪的事情。

　　姚赟勤副台长分管教育台日常的新闻和节目工作，各种策划、录制本就异常繁忙，但他从"大先生"立项初就制定了每两周汇总一次的"例会"制度，即使因为疫情不能见面，也要在线上保持与整个项目组的沟通和指导，督促进程，保证质量。

　　节目中心组成专项摄制组，于2021年率先开启口述史料拍摄工作，但考虑到于老师身体健康状况以及防疫要求，我和李鸣副主任带领专项组提前做功课，全面学习了解于漪老师生平和教育成果，梳理采访任务，在翔实采集和尽少打扰中找到平衡。中心特别调配

一辈子做老师，一辈子学做老师

力量，设立专职编导——曾经拍摄过于漪老师的专题片的陈隽总体负责内容采制，还选配技术过硬的摄像、灯光檀正勇、葛瑞奇、罗浩健等人组成固定班底，保证每次上门，搭建迅速，撤离迅速，拍摄质量高且风格统一。2021年秋冬，项目组采制于漪口述历史，剪辑后总计10小时，并组建外拍小组，在上海、江苏、浙江、北京等地采访于老师亲友、学生、研究者等超过20人，拍摄于漪老师曾经生活、工作的地方，收集她的教案、手稿、证书、专著、照片等各类资料素材累积约20个小时。筹备期，陈隽还撰写过7个不同版本的文稿。编导徐晓瑾多年前就报道过于老师，在完成自己常规工作的同时，她主动承担，多次前往杨浦档案馆、上海音像资料馆搜集查找相关资料画面，并参与专题片后期制作和部分配音。

总编室主任王东雷、副主任刘君梳理教育台媒资库资源——历年新闻、专题、晚会等各类节目中于漪老师的音像资源，邀请电视专家给项目组辅导，组织项目组进行好片观摩和分析。2022年新冠肺炎疫情时期，项目组也没有停步，通过线上会议推进工作进展，全部人马连续多日都坐在电脑前，一字一句地讨论文稿细节，每个人都主动思考，一讨论就是大半天。年中，项目组协调领导采访，进行宣传推广，进行后期审核把关。刘君更是挑起重担，主笔完成了节目文稿的最终撰写，王东雷主任还策划音像和书籍的二代传播。

讲"大先生"的故事，学"大先生"的风骨，于老师的精神在她带教的新一代教师心中，在研究她的教育学者心中，在采访报道她的媒体人心中，在我们联合工作组每一个人心中，都种下家国情怀、敬业奋进的种子，我们都对于老师的教育实践和思想之丰沛深感敬佩，被她的精神力量深深感染，不管来自哪个部门，不管是台领导还是普通摄制成员，在群策群力阶段，大家不分彼此，都尽力尽心收集材料，出谋划策。为了找到一个适合的镜头，李鸣、陈隽、徐晓瑾都主动找寻，提供多个版本相互探讨；为了准确再现当年求学的情况，我和刘君一起查找历史文件、翻阅旧书籍、老照片。在分工推进阶段，大家各司其职，守好自己的一方土，不管是遭遇家庭变故，还是疾病困扰，所有的人都没有退出，没有懈怠，即使在居家、养病、路途中，都在尽自己的一份力推进项目的进展，使得4集人物纪录片《大先生》终于如期与观众顺利见面。

如今，联合项目组的合作依然继续，大家共同进行节目研讨，精益求精，进一步修正改进，大家的心里就像于老师在荣获"人民教育家"后载誉归来时说的那样，我们要"奋斗，再奋斗"。

绿叶媒资库中的"大先生"

上海教育电视台总编室副主任、纪录片《大先生》撰稿
刘 君

自从进入上海教育电视台工作，于漪的名字便常常出现在我的耳畔。于漪老师德高望重，她的教育思想，在基础教育领域有着权威的地位，对青年教师、学生、家长都有着重要的指导作用。上海教育电视台是上海教育系统重要的宣传窗口。我们报道教育事件、讲述教育故事、解读教育政策，为莘莘学子和家长朋友们提供教育指南。在教育系统中，于漪这位泰斗级的专家，是我们教视绕不开的重要人物。可以说，几乎每一代教视记者，或多或少都采访过于漪；几乎每一位骨干编导，或长或短都拍摄过于漪的专题片。这次能够加入《大先生》摄制组，全方位记录这位"人民教育家"的世纪人生，对于我来说，着实是一件荣幸的事。

为了尽可能全面地获取于漪的影像资料，我们仔细检索了教视的绿叶媒资库。自1994年开台至今，28年间，教视积累了于漪老师的相关报道、专题等媒资近100个小时。这是于漪老师教育实践的多重片段，单从这些片段中，我们就能够感受到这位"大先生"的过人之处了。

于漪老师虽然年事已高，但依然为基础教育事业奔波忙碌，她

审阅教材、带教青年教师，事务繁重，可对教视记者的造访从不吝啬时间。她支持教育电视台的工作，与"绿叶"的友谊绵长亲厚。

于漪老师是第一批登上绿叶荧屏空中授课的名师。1994 年，上海教育电视台开播之初，提出"让教育插上电视的翅膀，让电视播撒教育的阳光"的办台理

于漪在家中

念。为落实这一理念，上海教育电视台创立了品牌栏目《ETV 家庭教师》，希望通过电视的"翅膀"，把优质的课程送入千家万户，让全上海的孩子们都能听到特级教师的讲课。《ETV 家庭教师》涵盖了语、数、外、理、化等多门学科。于漪老师负责主讲的是作文课。她通过 12 集 "妙笔生辉" 系列节目，把怎样写好一篇记叙文讲得深入浅出，条分缕析。不仅告诉了学生们写作的要领，还告诉了大家实践的方法。这套课程成为几代学子学写作文的法宝。

上海世博会那年，81 岁的于漪老师参与录制了《世博一课》节目。这也是于漪老师为绿叶荧屏贡献的又一套 "空中课堂"，别开生面。她在中国馆前讲述中国古代建筑榫卯结构的智慧；她站在动态版《清明上河图》前，讲述北宋的繁华和中华文明的演进。在世博

园录制课程时，于漪老师面对摄像机侃侃而谈，吸引了众多参观者驻足"蹭课"，我们的镜头中总免不了留下参观者的"穿帮"身影，当时觉得是遗憾，如今看来，这也是于漪讲授中华文化鲜活生动、引人入胜的真实记录吧。

作为教育电视台，每年的教师节主题策划自不可少，于漪老师也每每欣然受邀参与节目的录制。2004年教师节前夕，于漪老师受邀来我台《世纪讲坛》栏目做《怎样学做人师》专题讲座。开篇便是她的金句，"一辈子做老师，一辈子学做老师"。于漪的讲座非常生动，她说自己第一次讲课很紧张，"脚像弹琵琶一样，抖得厉害"。这话一下子让台下的青年教师们笑出了声，原本紧张严肃的气氛也变得轻松起来。

于漪旁征博引，侃侃而谈，她引用《韩诗外传》，说老师必须是"智如泉涌，行可以为表仪者"，要求青年教师不仅要增广见识，更要品行端正。她引用罗曼·罗兰的话"累累的创伤，是生命给予你最好的财富"，告诉年轻人面对困难要坚韧不拔。80分钟的演讲，于漪竟然没有片纸文稿。这出口成章的本领的确令人钦佩。

2005年的教师节，我台策划制作了《师恩》主题节目。节目中，编导们为于漪老师准备了一个惊喜：大家通过各种渠道，找到于漪老师第一年教语文时的十几位学生，在事先不告诉于漪老师的情况下，让师生们在舞台上相聚。当80多岁的老师与60多岁的学生久别重逢时，那种喜悦之情溢于言表。于漪老师笑得像一个孩子，双脚几乎要蹦起来。令人惊讶的是，于漪老师竟然能一下子叫出学生的名字，还能记得他们有的是气象员，有的是宣传员。于漪老师一边与学生们相拥，嘴里一边不停地说"谢谢教育电视台，谢谢教育电视台"。也是在这个节目中，于漪老师说"做老师的幸福是其他任何行业很难体会到的，教师的生命是会在学生身上延续的"。

在教视的绿叶媒资库中，除了有讴歌传颂于漪老师的节目、事迹报告会等，更多的是邀请于漪老师制作的各类专题节目，就某个教育事件对于漪老师进行的采访，以及于漪老师在各类研讨会上的发言、报告，等等。于漪老师是语文课堂上的名师，但是她的脚步却从不囿于三尺讲台。她的社会活动十分丰富，所有对教育事业发展有益的事情，她都不遗余力地支持。她关心教育改革，关注教材编写；她投入精力培养青年教师；她呼吁全社会尊师重道。也正因此，她对教育电视事业十分支持。在我台 25 周年台庆活动中，年过九旬的于漪老师欣然亲临。她祝愿绿叶台乘着电视的"翅膀"，飞得更高更远。她用那富有激情的言语为我们"绿叶人"鼓劲加油。

于漪老师是中国基础教育事业的瑰宝，她为党育人、为国育才，指引年轻人为民族复兴努力奋斗。正如于漪的孙女黄音所说，于漪就像一盏明灯，只要她在，大家就有前行的方向。于漪老师的电视影像对"绿叶人"来说更像是一座巨大的宝库，我们从中汲取能量，增添扬帆远航的动力，做一个心怀家国的教育电视工作者，坚定讲好教育故事的初心使命，为祖国教育事业发展贡献力量，努力不负国家希望、人民嘱托和时代要求。

20 年的变与不变

上海教育电视台节目中心副主任、纪录片《大先生》总导演
李 鸣

于漪老师是上海教育电视台的"老朋友"了。多年前，我和我的同事们拍摄了许多关于于漪老师的节目，印象最深的是 20 年前，我作为当时节目中心的摄像，拍摄了专题片《一代名师——于漪》。教育台的老一辈导演中，许多是从教育系统转行来的，当时《一代名师——于漪》的导演夏江南老师，就曾经跟于漪老师一同在杨浦区教育学院共过事。所以，于老师对我们很亲切随和，拍摄过程就像聊家常，对我这个初出茅庐的年轻人也非常照顾，我看见她就感到很亲切。

20 年后，我非常高兴能够用最先进的电视拍摄手段，用最新的艺术表达形式，再次讲述于漪老师的故事。

时隔 20 年，再次登门拜访于漪老师，让我仿佛又回到了 20 年前。于老师家的地址没有变，装修也没有变，家具陈设都没有太多的变化。提起 20 年前的那次拍摄，于老师印象深刻。

于老师问我：江南现在还好吗？

我回答：他已经退休 5 年了。

于老师：哎呀，连"小伙子"都退休啦……我认识他的时候他

还是小伙子。

这对话还是像 20 年前那样随和亲切。

令我印象最深的是于老师家客厅里的三件套：书桌、书柜和藤椅。于老师家的客厅和阳台是打通的，用来摆放书桌，那张书桌谈不上款式，就是最普通的样子。书桌边角的油漆蹭得发亮。桌上摆着于老师最近批阅的文稿，她还在为培养青年教师撰写文章。

书桌旁边是整整一面墙的书柜，书柜中的书，塞得满满的。我仔细看了，有很多是最新出版的理论书籍，这正应了于老师那句"一辈子做老师，一辈子学做老师"，93 岁高龄的于老师，依然在学习许多最新的论著。

至于那把藤椅更是"老朋友"了。从前我就为了把藤椅拍美动足了脑筋，这次我和它又见面了。于老师腰不好，坐没有靠背的椅子不行，沙发又太软，只有这把藤椅加个靠枕能让她坐得舒服些。采访时间久了，于老师总要站起来休息一会儿。

每次拍摄前，要给于老师化妆，她总是开玩笑说，老了老了，我已经多少年没化过妆了。为了不过多打扰于老师，我们的拍摄都是在上午 9 点进行，到了 11 点必须收工。于老师担心我们饿着，每次都塞给我们满满一袋子的饼干、水果、巧克力，让我们回去路上吃。有一次讲到兴头上，忘记了时间，于老师的儿媳妇史老师就给我们所有工作人员点了肯德基，于老师还跟我们开玩笑说，这是她第一次吃肯德基。这一份浓浓的暖意，跟 20 年前的感受一模一样。

时隔 20 年，再拍于漪，我们在很多方面有了不小的进步。第一，内容更全面。用 100 分钟时间，分 4 集全景式再现了于漪这位耄耋老者的世纪人生。以"教文育人""心怀家国""红烛微光""赓续师范"为每一集的主题，讲述了于漪童年时代颠沛流离的苦难生活，少年时代艰难求学的奋进故事。讲述了镇江中学、复旦大学的名师大家们对于漪人生观形成的深刻影响。镇江中学"一切为民族"的校训深深植根在于漪的心中。青年时代的于漪，走上语文教师岗位，从一开始的摸不着门道，逐渐形成自己的教育特色，成长为上海第一批语文特级教师。中年后，于漪又执掌第二师范学校，通过德智体美劳五育并举，把一个教学秩序混乱的学校，打造成为全国数一数二的师范学校，成为全国学习的楷模。退休后，于漪依然没有停下为教育事业奔忙的脚步。她建立教师学会，推动"两纲"教育，主持名师基地工作，生命不息，奋斗不止。从童年到老年，可以说，我们用 100 分钟时间，在荧屏上展现了一个真实的、全面的、感人的"人民教育家"。

第二，我们对于漪教育思想阐述得更透彻。从她早年"目中有人"的教学理念，逐渐发展成为对语文学科"人文性"和"工具性"统一的论断，可以清晰地看到于漪把人放在第一位的思想脉络。她提出"学语文就是学做人"，奠定了于漪"育人"思想的根基。随后，她逐渐从语文学科的"教文育人"，发展成为各个学科都要以"育人"为最终目标。教师不是教书匠，而是要成为"育人"的人。于漪的教育思想，很好地回应了习近平总书记的要求，号召老师们要努力做"经师"和"人师"相统一的"大先生"。

第三，我们在电视艺术表现手法和技术手段上也有了翻天覆地的进步。近几年来，随着高清技术的普及、各种电脑特技软件的成熟运用，如今的电视画面已经能够做到绚烂唯美、无懈可击。无人机航拍的运用也使得纪录片的镜头更加丰富，更为壮丽。不仅如此，在历史场景的还原方面，我们也舍弃了传统的演员演绎的方式，否

大先生

于漪

于漪在家中

决了前些年流行的沙画表现形式，而是采用了手绘的艺术形式。因为手绘能够呈现多种艺术风格，便于将历史场景统一到纪录片的影调中来，更易于表达场景中的人、事、物，以及人物的神态情绪，等等。对于手绘稿，我们也是几易其稿，反复修改，最终选定四幅画来分别表现每一集的主题，很好地呈现了历史场景，烘托主题，更在艺术表现上形成自己的风格。

第四，我们的电视产品有了多样化的设定。今天的《大先生》拥有了多样的融媒体配套产品。在采访时，我们常常沉浸在于漪老师的讲述中，她的语言形象生动，无论讲故事还是讲观点，都能让人听得进，记得住，所以我们开发了"于漪金句"系列融媒体产品。我们还截取于老师精彩的采访内容，按照不同的主题编辑，并在我

一辈子做老师，一辈子学做老师

台的新媒体平台传播，既满足了时下年轻人的收看习惯，有效宣传了于漪的事迹和精神，又对纪录片《大先生》本身起到了很好的宣传作用。同时，我们还把本次制作过程中所有人的采访，包括于漪本人、亲友、领导的采访，都整理成文，作为"人民教育家"宝贵的历史素材保存。

20年，于漪老师从特级教师、名师、名校长，成长为"人民教育家"；20年，上海教育电视台的纪录片拍摄水平有了长足的进步；20年，时代有了翻天覆地的变化，但有一些东西始终没有改变，那就是于老师桌上的手稿还是那么整整齐齐，于老师每天看的文稿文献还是那么多，于老师的藤椅没有变，于老师的笑没有变，于老师对身边每个人的和蔼也始终未变，让人如沐春风一如从前。"大先生"的精神风范从这些点滴中感染着我们教育电视台摄制组的每一个人，这，也许就是这次《大先生》纪录片拍摄中最美好、最珍贵的背后故事。

她是一本读不完的书

纪录片《大先生》撰稿、编导　陈　隽

2021年初，我接到拍摄于漪老师口述史的任务，之后又加入纪录片《大先生》工作组，感到十分荣幸。在长达一年半的筹划、拍摄、制作过程中，每天浸淫在于漪老师的生命叙事和人格长征中，这对我来说也是一段珍贵和难忘的人生经历。

其实，这已经不是我第一次和于漪老师接触，6年前曾有幸拍摄过一个关于于漪老师的专题片；6年后，我换了工作单位，和于老师再次重逢，让人不禁感叹冥冥中的缘分。

6年后再见，鲐背之年的于漪老师明显老了，那时候她还能爬上故乡镇江儿时最爱的北固山，遥望长江口，激昂吟诵辛弃疾的《南乡子·登井口北固亭有怀》；而今，她身患腿疾、腰疾，走路已经不太利索，身体的不便限制了她活动的物理距离，但是她的心中依然奔涌着江湖大海。看到我们的到访，她总是笑意盈盈，慈爱地望着我们忙东忙西，说"你们真不容易"，而我们想说，一个90多岁的教育家，每天依然操心劳力，心系事业，忙忙碌碌地看稿、写稿，思索各种问题，我们这些小辈有什么理由不努力工作呢？

美好的事物总是自带光芒，于漪老师的衣着简朴大方，一件灰色的外套穿了几十年，我们提醒她出镜的时候可以挑选颜色鲜艳的

一辈子做老师，一辈子学做老师

衣服，她欣然接受。第一次去拍摄的时候，于老师说她从来不化妆，为了我们的拍摄她破了例，我跟她说结束后要用洗面奶多洗几遍脸，她说她从来没有用过洗面奶。第二次去时，我就给于老师带了一瓶卸妆油，后来一忙，也忘了问她会不会使用。

每次去于漪老师家拍摄的时候，于漪老师总会预先为我们准备好各种零食，有时候是巧克力，有时候是酸奶，有时候是各种水果，她对每个人都热忱以待，从不把我们看成是工作上的泛泛交往。她这样的泰斗级人物，却如此和蔼谦逊，让我们不仅一次次回味其为人处世的境界。有一次拍摄结束得晚了，她的儿媳妇史老师悄悄出去买了肯德基，我们一收工，史老师就拿出了为我们准备的汉堡、鸡翅和可乐。40年的融洽相处，让史老师和于老师仿佛有一种天然的默契，这对婆媳有着同样的善解人意和体贴周到。那天，他们一家围在小房间吃着牛肉汉堡，把宽敞的客厅留给我们。后来无意间聊起来才知道，他们家从来不吃鸡，也是因为我们，快餐食品第一次进了家门，冬日暖阳洒遍客厅，也照进我们的心里，我想，这个温暖的场景一定会印刻在摄制组每个人的内心深处。

最后一天拍摄结束后，我看于老师精神还好、兴致也高，就提出想拍点她的空镜头，于老师很配合，那天我们拍摄她看书、读诗、唱京剧，好多在有限场景里能拍摄的镜头，那天都一一实现了。后来因为疫情和于老师身体的原因，我们就不好意思再上门打扰她了。那天的临时起意，成就了一期一会的美好影像。

我不是于老师的学生，也没有听她上过课，但是我听很多人讲过她的故事，受到最别样生动的教育，成为她最特别的学生。

于老师是一本读不完的书，读她的故事，总让人思索"一辈子

于漪接受纪录片《大先生》节目组采访

要做什么样的人，怎样做人"。她是从苦难、坎坷中成长起来的中国知识女性，无论为人、为事、为学，她都力臻完美，少年辗转求学，她奋发不怠，为中华崛起而励志苦读；青年立志从教，她择一事，终一生；在家里，她孝老爱亲，是贤惠的妻子、慈爱的母亲；在生活中，她仁心仁爱，古道热肠；在别人的眼里、口里她是一个完美的人，无论是事业还是家庭，她都活成人们向往的样子，可是又有多少人看到，这一切赞誉背后她的极端刻苦和极端勤劳，她说这些都源于她母亲的爱和教诲，让她一辈子深情地凝视万物，给灰心者做光，给失味者做盐，而她也用一生的自律克己、勤勉为人，努力活成妈妈的样子。

于漪老师的魅力很神奇。约好采访的前一天，谭轶斌老师的弟弟去世了，但她不声不响，如约而至；75届的蒋志萍现今常住无锡，他也没有二话，百里奔波；同样93岁高龄的中国教育学会名誉会长顾明远，听说请他讲讲于漪老师，欣然应允；工作繁忙的教育部教师司司长任友群，也在百忙之中，抽出时间，尽力配合；于老师的二弟、三弟、小妹都年事已高，分别居住在北京和杭州，姊妹兄弟已多年未见，但是听说能在电视里讲讲敬爱的大姐，几位老人都敞开心扉，没有机会在生活中碰头的一家人，在我们的节目中得以聚首（大弟因身体原因未能接受采访）。

于漪老师一生关注过许多问题，是社会问题，是教育问题，追根究底，还是人的问题。有幸走近于漪老师的人，都会被她影响生命的走向，她像一束阳光照进人们的心里，兰保民老师说于老师会鼓励他不为人知的不自信，王厥轩老师说于老师会体谅他不经意间的小自私，谭轶斌老师说她总是努力不让别人失望。孙女黄音在回忆爷爷黄世晔的文章里写过"人生要不寻他人烦恼"，于老师也说过"人是不能够给别人添麻烦的"，我想这就是家风蔚然、国风浩荡的样貌。

由于篇幅的原因，还有很多被采访者最后没有出现在我们的成片里，但是每每想起他们与于老师交往的动人故事、无比真挚的人间情谊，都会让人忍不住湿了眼眶，也让我更加坚信，一个人安身立命的笃定，不是名利地位，而是他能传递给人们面对挫折和困境时的勇气与希望；谢谢卜健老师不辞辛劳，为我们联系各个拍摄场地；谢谢董少校老师不吝所藏，主动提供各种珍贵手稿资料，因为你们的无私付出，让于漪老师在镜头前的发声更加掷地有声，振聋发聩。

2022年特别艰难，疫情，酷暑，每一样都容易让人浮躁，然而我们是如此幸运能够亲近于老师。她就像一口深井，源源不断涌出抚慰人心的清泉，在最困难的时候，滋润清凉我们的心灵；她的一生历经家国危难，罹患重病，数度病危，但这些都不妨碍她用爱与热力活出生命的意义。她曾经说过，"一个人活着，就要做事，不能懒，要懂得感恩"，她没有多少豪言壮语，但每一句话都能实实在在敲打在我们的心上，为做人、做事找到标杆。

拍摄《大先生》前，我们曾征求于老师的意见，她只提了一个要求，四个字"实事求是"，这也是她一辈子求真求实、不趋时媚俗的真切写照。无论在任何时候，"说真话"这个看似简单，却无比艰难的操守，都应该成为每个人毕生所修的功课。

我们何其幸运，能够有机会和这样一位可敬可爱的前辈近距离交往，一次次接受涤荡心灵的精神洗礼。在采访上海市教育局原局长袁采时，他勉励我们向于漪老师学习，一辈子做记者，一辈子学做记者。

一个教育家的成长历程，既有个人奋斗的痕迹，又有时代发展的烙印；纵览于漪老师的故事，不啻是一部解读新中国的教育史、教师的成长史和知识分子的心灵史。于漪老师的"大"，在于一辈子贴地而行的人民立场。于老师的"大"，在于"我为人人"的自觉和对"人人为我"的感恩。于老师的"大"，在于最低谷时不失自我，自强不息；又在最顶峰时虚怀若谷，兼爱天下，她是我们这个时代当之无愧的"大先生"。

祝愿最亲爱的于漪老师身体康健，长乐安宁；桃李芬芳，教泽绵长；也愿因为我们的一点微薄之力，能让更多人了解于漪老师的事迹，传扬于漪老师的精神，感受一个"人民教育家"的赤子情怀。

从知识杨浦到绿叶台

——我与大先生于漪老师 20 年的采访缘

纪录片《大先生》编导　徐晓瑾

　　说起和于漪老师的缘分，时间跨度应该有 20 多年。于漪老师是无数中国教师心中的偶像，也是我 —— 一位普通媒体人的超级偶像。

　　我和于漪老师相识的缘分要从我在上海的第一份工作说起。在成为上海教育电视台记者、编导之前，我曾在杨浦有线电视中心，如今的杨浦区融媒体中心担任记者、播音员有近 9 年时间。

　　在杨浦工作时，我有幸参与采访拍摄教育人物的新闻，得以亲近这位一生坚守在三尺讲台的于老师，那个时候，于漪老师已经是一位令人尊敬的教育大家。

　　可是，当我和摄影师带着摄像机走进这位鼎鼎大名的教育界大咖的家中，却发现于漪老师的家竟是那么朴素！客厅内，简单的木质家具，还是最传统的式样。一张书桌、靠墙而立装满书籍的书柜，散发着浓浓的书香气。在于漪老师整洁简朴的家里，书籍是最宝贵的财富，也是于漪老师淡泊名利、唯重书香的体现。

　　纤尘不染的玻璃台板下，是于漪老师和学生们的合影，她被学生们簇拥在中间，一张张笑脸真诚而充满朝气。

在爽朗的笑声中，于漪老师面对我们的镜头，娓娓道来，她说："我想，与其说我做一辈子老师，不如说我一辈子在学做老师。"平实的话语却有着打动人心的力量。

采访中，最令我感动的是于老师的微笑，虽然我和摄影师都是第一次走近于老师，但她的微笑，让人如沐春风，而我和于漪老师的缘分也就此种下。

此后的人生路上，我多次和于漪老师相遇，既是机缘巧合，也是一种精神力量的指引，那是因为于漪老师对教育事业的热爱，以及对无数后辈产生的巨大感召和影响。

多年后，我来到了被上海人亲切地称为绿叶台的上海教育电视台工作，更是在多个场合采访拍摄于漪老师，也从多个角度更直观地感受到这位"人民教育家"——为人、为学、为事的独特魅力。

在"2018 上海教育年度新闻人物颁奖主题活动"上，于漪老师获评"年度特别致敬人物"并来到教育电视台二楼演播厅登台领奖。

于漪老师看到我，露出了孩子般的笑容。我说："于老师，我在杨浦工作时去过您家，您还记得我吗？"于老师拉着我的手，笑着说："记得记得！"后来，她还关切地询问我现在的工作情况。

舞台上，于漪老师说要为孩子们点亮心中的明灯，她的讲话，引起台下观众阵阵热烈的掌声。

活动结束后，我和于老师在舞台中央留下了一张珍贵的合影，背后大屏幕上的活动主题词"教育，因你而不凡"，正是于漪老师的写照！

和于老师不期而遇的场景还有很多次。2021 年，在杨浦高级中学，于漪老师作为曾经的老校长，和"00 后"学子们开启了一次特

于漪和徐晓瑾

别的"青春对话"。于漪老师说:"作为青年,从小就要立志。我为何要学习?学习是为了懂得做人的道理,明做人之理,明报效国家之理。"有学生问于漪老师:"您上课时最开心的事是什么?"于老师笑着回答:"最开心的就是被学生'问倒',将我的军!"

而在上海市新教师入师入会仪式上,92岁的于漪老师透露了自己的"青春密码",那就是——"学生至上!"这个时候的于漪老师年事已高,她通过屏幕寄语青年教师:"做了几十年的老师,体会最深的就是,做老师最重要的要点亮生命的灯火,选择了教师就选择了高尚,就选择了把自己的命运和祖国的强盛,紧密地联系在一起!"

每个和于漪老师因采访而交叉相遇的时空,都显得那么弥足珍贵。

2022年10月,再现于漪老师世纪人生的大型系列纪录片《大先生》由上海教育电视台倾力打造,我再次非常幸运地成为《大先生》编导团队的一员。

纪录片中,于漪老师打开了她的记忆宝库。1977年10月,上海电视台邀请于漪老师去上一堂向全市直播的语文公开课,于老师选择讲授高尔基的《海燕》。一时间,上海万人空巷,大家都守在电视机旁,争睹她上课时的风采。

为了展现当年的场景，我们联系了上海音像资料馆，如大海捞针一般，在海量的媒资库中，找到了于老师在演播室里录制《海燕》公开课的影像资料，以及当年上海电视台位于七重天宾馆办公的珍贵外景画面，还原了当时全市第一堂语文公开课的真实场景。

在搜寻资料的过程中，我们还意外地找到了20世纪70年代于漪老师在杨浦高级中学授课时的视频资料，黑白的画面、于漪老师年轻的脸庞、和学生互动时温暖的笑容、办公室里伏案批改作业、撰写教案的真实场景，它们从历史的时空中穿越而来，打动着每一个看到它的观众。

于漪老师说："学生身上的事，都是教师心上的事。"于老师永远是学生心目中可敬可亲的好老师。为了更多了解于漪老师教书育人的感人故事，我们编导组采访了大量于老师不同阶段的学生，有的学生也已经是耄耋老人，面对镜头他们有着说不完的感人故事。

于漪老师所带的62届学生肖龙宝，至今都记得老师买给她的一个面包。由于身体原因，身在北京的肖龙宝给编导组写来一封长信，讲述了她心目中如慈母一般的于漪老师。为了更好地在片中展现于老师和学生肖龙宝的故事，编导陈隽用话外音的方式，对这封感

摄于上海市第二师范学校办公室

人的来信进行了展现，我也在幕后为这封信配上了话外音，使得于老师和学生的故事在荧屏前生动呈现。

4集、100分钟，《大先生》用"教文育人""心怀家国""红烛微光""赓续师范"4个篇章完整地讲述了于漪老师的为学、为事、为人之道。

作为第4集片子的编导，我把一条条珍贵的影像资料、一段段感人至深的采访、一个个饱含情感的故事铺呈在了时间线上，展示了于漪老师从担任上海市第二师范学校校长，到成立上海教师学研究会，以及她在培养青年教师上所投入的巨大精力，亦折射着"为国育才"伟大师范精神在当今教育系统的弘扬。

这一集的制作，经历了多次大篇幅的修改，制片人李鸣、总负责王东雷老师认为这一集作为收尾，情绪一定要饱满、画面更要有冲击力。为此，我们反反复复到台里的媒资库里"挖宝"，在一次次翻看以往的新闻、专题、晚会资料、课程录制等媒资后，最终王东雷老师找出了一段于漪老师带领500位新教师宣誓的视频资料。当于老师右手握拳，铿锵有力地念出"忠诚人民教育事业，依法履行教师职责；为人师表，敬业爱生；严谨治学，修身立德……"的坚定誓言后，我们看到了一位人民教师滚烫的赤子之心！就像于漪老师说的："当我把生命和国家命运、人民幸福联系在一起的时候，我就觉得我永远是有力量的，我仍然跟年轻人一样，仍然有壮志豪情！"

作为一位普普通通的媒体人，我是如此幸运，可以在职业生涯中遇到一位值得一生去追寻的"人民教育家"——于漪老师，记录她始终站在教育改革和教师培养的最前沿，践行"让生命与使命同行"的铮铮誓言！

大先生 于漪

以梦为马，不负韶华

纪录片《大先生》编导　张晓瑜

　　2019 年 9 月 29 日，在《向祖国致敬》雄壮激昂的乐曲声中，中共中央总书记、国家主席、中央军委主席习近平亲自给上海市杨浦高级中学名誉校长于漪佩戴上金色的"人民教育家"奖章，这是共和国首次颁发"人民教育家"这一国家荣誉称号。作为在教育战线从业 10 多年的教育记者来说，于漪老师领奖的这一幕场景时常在我眼前闪现。10 多年的一线采访中，我也曾采访过很多教育专家，可这位 90 岁的耄耋老人，是如何从一名普通教师成长为共和国的"人民教育家"的？她又有着怎样不为人知的故事呢？这一个个疑问时常萦绕在我的心头。大型系列纪录片《大先生》的开拍，终于让我可以有机会近距离通过采访去倾听，去感受这位在"讲台上用生命歌唱"的大教育家那些不为人知的故事。

　　2022 年 8 月，在北京北四环成府路上的北京大学家属院里，我们见到了于漪先生的四弟于洸，我国地质地理学专家，一辈子在北京大学教书工作。于老家里的摆设非常简单朴实，整个屋子中最引人注目的就是书柜中摆的满满的书籍。采访之前，我跟于洸先生有过几次电话沟通，了解他跟姐姐于漪的故事，反复商量采访的问题和主题。于洸先生知道我们摄制组要来采访他与姐姐的故事，激动得一晚上都没睡好觉。那些年少时与姐姐聚少离多的日子，与姐姐书信往来、电话诉说心事的往事片段一幕幕涌上心头。说起姐姐于漪，于洸说他们姐弟的少年时代正值日本侵略中国、兵荒马乱之际，父亲因病去世后，姐姐于漪就担起了照顾弟妹的重任。姐姐去上海读书之前，他们在江苏镇江共同生活过一段时间，那段日子是于洸少年时代的快乐时光。姐姐的勤奋好学、刻苦努力一直是年少时期于洸的榜样。后来姐姐于漪到上海求学、工作，他们姐弟虽不能时常见面，但是一直借助书信和电话保持着沟通。姐姐对弟弟于洸关爱有加，鼓励他勤奋好学，对自己的热爱要坚持执着，努力钻研。姐姐身上的这份执着和毅力一直感染着于洸，以至于他在求学和成长路上遇到困难时最先想到的都是姐姐，他说姐姐就是他前行的榜样和力量。

一个下着雨的早上，在北京中科院物理研究所的办公室，我们见到了于漪的三弟于渌。他是中国科学院院士，现任中科院理论物理研究所研究员、交叉学科理论研究中心主任。我们见到于渌的时候，他正在办公室认真梳理采访的问题。简单的设备搭建、灯光调试之后，于渌开始对我们讲述了他儿时和姐姐生活的那些岁月时光。说起父亲病逝，母亲一个人拉扯五个兄妹艰难生活，哥哥姐姐儿时辗转求学之路的艰辛，妈妈对他们说的话，要做一个善良的人；姐姐跟他一起在镇江中学读过一段时间的书，那时姐姐走在前面，他们跟在后面；晚上姐姐做好作业，再来辅导弟弟们的作业……一件件过往的小事仿佛把我们拉回了于家兄妹那段短暂难忘的生活时光，采访过程中于渌先生的眼里几次泛着泪花，现场采访的我们也一次次热泪盈眶。在同情于漪一家在苦难岁月中颠沛流离的同时，也发自内心地佩服，并一次次感慨：于家兄妹五个人都好厉害啊！苦难对于有的人、有的家庭来说就像一座大山压倒了他们，向命运低了头。然而对于于家五兄妹来说，苦难的岁月却成为他们向上拼搏的动力，他们互相鼓励、各自与命运抗争，都在自己所在的领域独树一帜。

于渌读书时，每到假期就会去上海姐姐家小住一段时间，姐姐经常与他探讨人生方向，姐夫也在于渌的人生选择中给出了很多有益的建议。于渌说姐姐对他的一生都起到了榜样的作用。在外留学后，他毅然选择回国，先在中科院物理研究所，继而到中科院理论物理研究所工作。他在国际理论物理中心负责的凝聚态物理部工作，成绩卓著，早在1990年就当选为第三世界科学院院士。他说姐姐的以身示范，让他从小立志，要像姐姐一样，做一个对国家有用的人。

"理想就在岗位上，信仰就在行动中。"在教育部教师司会议室的墙上我们看到挂着一幅于漪老师亲笔书写的牌匾，与教师司司长任友群的采访就从墙上的这幅字开始了。跟任友群司长的交流互动让我们从另一个维度认识了于漪老师，更加懂得了于漪老师在中国基础教育史上所做的卓越贡献。任司长在我们的采访中多次提到，于漪先生的人才培养观有许多值得借鉴之处，从教70年，她一直在思考如何建设好基础教育，她主张教育思想要和教学实践同步创新，任司长肯定地说于漪先生是"四有"好老师、"大先生"的典范，她的许多重要观点都被教育部门采纳，为推动全国基础教育改革发展作出突出贡献。

于漪先生的事迹我早有所闻，还读过许多关于她的报道。然而在北京的一系列采访拍摄，在与每个采访嘉宾的交流互动中，却再次让我更加立体、更多维度地重新认识了于漪先生。十几年的采访生涯中，我采访过各行各业无数的人，听过很多被访对象的故事，但《大先生》的采访给我的记者生涯留下了一段特别的印记，因为它在给我的职业生涯带来新思考的同时也让我重塑了人生理想。于漪先生对教育事业、对教师职业的这份热爱打动着我，同时她这种励志奋斗；一切为了民族，为了一切的学生；一辈子做老师，一辈子学做老师的精神也值得我们每个人学习。我们也应该一辈子都热爱自己选择从事的职业、一辈子在自己的岗位工作中不断学习、不断思考、不断求新。

一声记者，永远记着，记着初心、记着使命、记着责任、记着担当。我们走过了许多路，攀过了许多山，看见过朝阳熹微，也看见过星辰闪烁。让我们的每次采访都成为突破惯性、更新自我的"再出发"。星光不负赶路人，江河眷顾奋楫者。以梦为马，不负韶华。

中学时代的于漪

60 年代的于漪

70 年代末，备课之欢乐

70 年代的于漪

70 年代初期，仍然关注要备好课

80 年代初，全国中学生开展读书活动，评选出 10 本优秀读物，颁奖会后，部分作者留影，有王蒙、李存葆、马烽、理由等作家

在上海市人民代表大会期间，与左淑东（左一）、高润华（左二）、毛蓓蕾（右一）三位老师交流

1982 年，回母校省立镇江中学探望班主任花翰香老师

1989 年，应澳门中国语文学会邀请作学术报告

80 年代初，学校领导规划校园

80 年代初，暑假赴大庆支教

休假日讨论问题是全家人的乐事

书法家刘炳森先生赠予，
于漪视作珍宝，用以自励

春节期间，66届1班来访，拍"全家福"

率先垂范，知行合一

——微课《师范》释解『大先生』于漪教书育人秘诀

治学严谨 崇实求真

二师 办学有特色

大胆改革 勇于创造

开一代教育新风

上海二师 建校四十周年志庆

刘兆 [印]

管理的核心：人

　　管理的核心是"人"，管人的核心是"心"，抓住人心，凝聚人心，打动人心，这就是于漪老师最朴素、最精辟的教育管理思想。这里不仅有技术层面的"术"，更加有精深的"道"。

管理的核心：人

我有两把尺子，一把是量别人的长处，一把是量自己的不足，只有看到自己的不足或缺点，自身才有驱动力。

在半个多世纪的从教生涯中，于漪作为班主任、年级组长，摸索出了一套针对学生思想工作的方法，将最差的班、最乱的年级，带成了上海市的先进集体。而作为校长，她提出"两代师表一起抓""一个心眼为学生"，第二师范复校三年就获得了"全国师范教育先进单位"称号；从20世纪80年代开始，她培养了三代特级教师，共"带教"100多名全国各地的青年教师，涌现出了一批像程红兵、陈军、陈小英、王缨、谭轶斌、朱震国、黄荣华、费秀壮、陈爱平、兰保民、孙宗良等专业发展优秀的知名教师。那么，于漪老师究竟有何管理秘诀呢？

文化立校，环境育人

如何激发教师和学生的内驱力？这与师生的价值观有关，而价值观的形成会受到学校文化的影响。

文化是一种情操、一种精神、一种智慧，外显在"形"上的文化容易做到，而难就难在无形的精神建设。

【陈爱平】

20世纪80年代，刚刚改革开放，上海第二师范学校也刚刚复校，于漪老师就是那个时候开始担任校长的。现在回想起来，那是一个简单怀忆过去、热情拥抱新潮的年代，外来思潮蜂涌而至。就是在这时，于老师在思考学校是育人的神圣殿堂，一定要用社会主义的价值观引领。她以中华民族的浩然正气，筑全校师生之魂，把"一身正气，为人师表"

作为学校文化之魂。

【于漪】

学校应该是神圣的殿堂，孩子进了，他有一种神圣的感觉。如果学校也跟商店，也跟小菜场、超市一样，你不要办学校了。社会上允许的，学校是不一定会允许的，社会上提倡的你不一定提倡，你有一个文化判断力的问题。

【马玉文　上海市育才初级中学校长、中学语文高级教师】

于老师及时发动全校师生讨论，值得注意的是她不是直接给你一个标准，给你一个规范，而是让全校师生参与进来一起讨论，讨论当代学生应该具有怎样的形象？当代教师应该具有怎样的形象？思想先行，紧接着是制度保证。

早操犹如开运动会的水平，进场出场均精神抖擞，步伐整齐。宿舍，学生自己打扫。校园劳动，学生自己动手，而且还要参加植草、植树、栽花、施肥。在治理校容、校貌过程中，端正品德行为，陶冶思想情操，真正做到环境育人。

【陈爱平】

于老师担任第二师范学校校长的时候，办学经费非常紧张，不要说教师的奖金，就是基本的学校建设的经费都没有。当年，于老师就是和老师们一起一点一点靠自己的双手把学校建设出来的。我记得她领着老师们一车车的挖泥，硬

荷花池先后对比

是挖出了一个学校标志性景观，也就是我们今天看到的荷花池。池中有一个叫"春"的雕塑，是当时的美术老师自己动手雕刻的，尽管它看上去线条非常的朴素，但是这个老师自己雕塑的景观却寓含深意，它表达了对教育春色满园的期待。

【马玉文】

在于老师持续不懈的努力之下，二师历届毕业生都得到了用人单位的赞许，他们认为二师毕业的学生有两个明显特点：一是责任感强；二是基本功好，德才兼备，有着较为全面的教育教学能力。

【于漪】

学校的正气看起来是无形的，但是它是精神支柱，是

率先垂范，知行合一

131

起灵魂作用的，对师生有巨大的凝聚力。

眼中有人，人尽其才

【马玉文】

于漪老师最了不起的是把人当作宝贝。

【陈爱平】

于漪老师心中，最重要的事情就是教师队伍建设，培养青年教师更是"最大的事情"。

【李逊芳　上海市现代音乐职业学校副校长、音乐特级教师】

如果说从一个懵懂的师范毕业生到现在专业有些进步的话，我觉得对我来说影响最大的是遇到了于校长，可以说她是一位贵人吧。首先她把我留下来，改变了我职业发展的一个方向，因为原来我心里打算是作为一个中学或小学的语文教师。

于老师发现这位原本只想做一名语文老师的李老师，可能在音乐教学方面有更大的发展。她不但鼓励李老师到音乐专业去进修，还专门找来专业老师对她进行一对一指导。果然，李老师在音乐教学道路上发展迅猛，成为一名颇有名气的音乐特级教师。

【李逊芳】

我觉得对我来说专业进步得非常明显，后来在这几门课中，专升本考试参加全国统考分数都还是不错的，为我以后的专业成长打下了非常扎实的一步。所以从师范生留校到音乐老师，到现在点点滴滴的成长，心中非常感激于老师。

于漪老师就是这样"眼中有人，人尽其才"，善于发现每位老师的潜能，让他们在自己擅长的领域成长成才。

在于漪的手中培养出了许许多多特级教师，好心的同志提醒："你这样培养不怕她本领大了跳走吗？"于漪回答："跳就跳吧，跳来跳去都在中国，跳来跳去都在地球上。"青春是无价宝，所以她总是想方设法为青年教师搭建平台，把他们推向前台。

【于漪】

作为一校之长，我觉得除了科学管理之外，非常重要的是对全体师生要有人文关怀。什么叫人文关怀？就是说你办学不能见物不见人，见分不见人，学生是你的宝贝，每一个学生都是宝贝，国家的宝贝，家长的宝贝。那么你要把学生培养成人，那就要有好的教师，优秀的教师，因此校长不仅要以学生为本，而且要以教师为本。我觉得每一位老师都是我学校的宝贝，要关怀他。人无完人，金无足赤。校长一定要有敏锐的目光，发现每一个老师身上的优点、长处、才华，要把人放在最合适的位置上。我把老师，特别是青年老师培养出来，那么我的学生的质量就有保障。

于漪接受专题片《师范》节目组采访

言传身教，以身作则

最伟大的管理者是管理自己而不是领导别人，言传身教以人育人，求真，不做假。有人问她："您这辈子的经验是什么？"于漪老师回答："我说过的事情，我一定率先做到，知行合一。"

【陈爱平】

她认为作为一名基础教育的教师，要有优雅的外表、言谈举止、音容笑貌都应该给人留下美的印象。我记得当时"中师"不坐班，于老师却要求"二师"的每一位教师都要坐班；很多学校学生不穿校服，于教师要求"二师"的学生每天都要穿校服，老师也要特别注意自己的服饰。每个班级都有校园包干区，一百几十亩的校园没有一个清洁工，一周会安排一个班级学生值班，培养学生热爱学校、热爱集体的情感。

【马玉文】

连学生餐后倒饭、在课桌椅上乱涂乱画这样细小的事情于老师都不放过，譬如学生倒饭，于老师就从泔脚缸中捞出整块整块的馒头和米饭，一个班级一个班级去讲，告诉学生一粒米要花七斤四两的力气，可谓苦口婆心，不厌其烦。她说："我们是社会主义国家，我们不能培养大少爷和大小姐的坏习气。"

作为一名校长，她投入时间和精力最多的就是听教师的课，她要让大家知道质量是学校发展的生命线。听课前，她熟悉教材；听课后，她组织大家一起来评析，从理论和实践结合的高度，评析课的利弊得失，目的是寻找规律，发展专业，促进教师的成长，而不是一张表格、一个等第定乾坤。

【于漪】

听课评课应该是学校抓教育质量的常规，我觉得不能把它看成只是一个技术活。你为什么要听课呢？是了解教和学的状况，而听课的目的是研究学生的认知水平、认知规律和老师教授这个学科的教学规律。我们有的时候就把它技术化了，打打分，评评几等奖，其实这不是重要的。我觉得听课评课非常重要的就是要把执教老师的这个课具体地、生动地、深刻地评出来，它好在哪里？它为什么好？符合什么规律？旁观者清，当局者迷。你评课就要评得这个执教的老师有信心，评得他热气腾腾的，觉得自己还有那么多的优点。然后再看还有哪些不足，还有哪些缺陷。因此评课的时候你可以指出很多路，怎么能够做得更好。你听课评课的目的就是理论和实践结合的高度的活的教育学，评出我们执教老师和听课老师的责任感和使命感；评出他热气腾腾，积极向上，充满了信心来不断地提升教育的质量。我想这样的话老师会觉得有盼头，自信心增强，会从拒绝平庸开始，向优秀的、卓越的这样的水平不断提升。

　　于漪始终相信，只有"知心"才能"教心"，为了和学生的心弦对准音调，提高教育的效果，她做了大量艰苦的工作。为了解决一名篮球迷学生上课开小差的问题，她去关注篮球，并观看学生参加的比赛，敞开心扉和他一起评球、论球；为了弄清楚现在的学生为什么喜欢周杰伦，她还专门去研究《青花瓷》《菊花台》《双截棍》，经过研究，她发现学生们喜欢周杰伦是因为他的创作才能，因为他的歌曲将东方古典主义文化和现代摇滚相结合，更有的学生可以在听歌时边唱边说，充分地表达内心的诉求。

　　【于漪】
　　我们有一种误解，好像老师就是教书，其实老师是拿书教"人"，最最重要的是你把每个孩子教出来，根据他的个性特点，让他最好地发挥，这点要做到是非常不容易的。过去有一句话说："教师有一桶水教给学生一杯水。"其实我很不以为然，这桶水陈旧了没？污染了没？我们每个孩子都是活泼泼的生命体，都有求知的欲望，生命力非常旺盛，因此你要不断地了解他，认识他。而在现在这样一个时代，科技飞速发展，社会变化很大，我们做老师难度很大，你要跟学生有共同的语言，老师对学生有两个方面实际上是很困难的，第一个就是我们的习惯思维。我们往往以成人的思想来框孩子，孩子的想法跟你根本不一样的，他有他的思维，他的语言，那我们往往以成人的要求去要求他，这就没有共同语言了，他觉得你讲的都是老一套，就不愿意听了。第二个就是我们没有真本领。社会飞速发展，新的信息多得不得了，而我们的孩子出生在现在这样一个时代，他会对社会上各种各样的现象，真善美的，假恶丑的，有许许多多的看法，他要问你，你要给他解答，要他信服你，你要有真本领啊！因此，你在了解学生、研究学生的同时，你最最重要的就是要很好地学习，勤于学习。教得好首先是学得好，否则你说的话孩子真的不会听，觉得你是老掉牙了，我们千万不能做这样的老师。

【马玉文】

管理的核心是"人"，管人的核心是"心"，抓住人心，凝聚人心，打动人心，这就是于漪老师最朴素、最精辟的教育管理思想。这里不仅有技术层面的"术"，更加有精深的"道"。

【于漪】

学校教育的质量，首先是看这名校长的质量，他既是管理者又是专业的引领者。他自己的人格、品德、气质、业务、言行，应该是师生的榜样。其身正，不令而行；其身不正，虽令不从。所以校长应该是春风化雨，恩泽师生。

今天，我们需要怎样的"语文课"

语文老师不仅要教学生掌握语言文字，更要引领学生从一篇篇文章和一部部作品中实现精神的觉醒和灵魂的提升。

今天，我们需要怎样的"语文课"

做教师的我们要放低姿态，站在学生的角度上去思考问题，明白他们的渴望和需要，尊重每个人的与众不同，挖掘他们的潜能，更好地因材施教。

说到语文课，我们不得不提于漪老师。这是一位被不少上海人所熟知的语文特级教师。1977 年，她为中学生上了一堂公开课《海燕》，并且首次通过电视台全程转播，不少人守在电视机前观看她上课，全上海甚至达到了万人空巷的地步。

【于漪】

我说我一辈子就是找语文教学的大门，我要登堂入室，我总觉得老师绝对不是教书匠⋯⋯

于漪用岁月年轮累积下来的教育智慧，述说着她对语文课最本原的理解。在她心中，语文的重要性远远超越了"一门课"。语文老师不仅要教学生掌握语言文字，更要引领学生从一篇篇文章和一部部作品中实现精神的觉醒和灵魂的提升。

"教文育人"的大语文

【谭轶斌】

大家都知道，中学语文教材的内容非常丰富，有写社会的、写人物的、写景物的，这些多彩的人文内容不乏美文佳作、精品上品。特别是一篇好文章，描摹客观世界，刻画内心情感，那种准确、逼真、灵动，会把你引入到美的世界当中。比如中学语文教材选用了鲁迅先生的作品《社戏》，这篇文章当中有关于月夜行舟的描写，这段美景只要你调动

谭轶斌谈语文教学

起视觉、听觉、嗅觉、触觉，那么就会和文章中的"迅哥儿"一样自失起来，觉得要和他弥散在含着豆麦蕴藻之香的夜气里。

比如"人"这个字，如果单纯地从语言工具角度来看，它很简单：它是一个独体字，一撇一捺。但是如果从情意的层面来讲：一捺支撑着一撇，如果一捺不支撑，一撇就塌下来，也就不成为人了。老师讲的是字形，但是如果你把人文内涵讲给学生听，那么字的背后、词的背后、句子的背后有什么意义，对学生来说就都清楚了，于是认识也提高了，情意也丰富了，字也记住了，词也记住了，一辈子都受用。

【黄荣华　复旦大学附属中学语文特级教师】

于漪老师教文育人的大语文教学观，要求我们不能停留在课文的表层，而是要通过语言文字的咀嚼、推敲、体悟，带着学生走进作品的更深处，看向更遥远的未来。

像曹操的《观沧海》这样的名篇教学，"日月之行，若出其中；星汉灿烂，若出其里"，其意境的开阔、心胸的宽广给人以心灵的震撼。怎样将这种震撼更好地传递给学生，就既要引导学生理解字面表现出来的阔达境界，还要探究诗人能表现这种阔达境界的原因，更要使学生获得这种阔达境界与自我生命的深刻关联，使其走向我们期待的那种未来的生活道路。

黄荣华谈语文教学

　　教文育人讲究的是水到渠成，教育家苏霍姆林斯基有一段话非常精彩，他说："在每个孩子心中最隐秘的一角，都有一根独特的琴弦，拨动它就会发出特有的音响，要使孩子的心同我讲的话发生共鸣，我自身就需要同孩子的心弦对准音调。"

【于漪】

　　作为一名老师，应该是将教材烂熟于心，如出自己之口，如出自己之心，这样才能驾驭教材教孩子，但是更重要的是要目中有人，因为你是教学生。我们经常就是重书而轻人，早在2000多年前孔子就讲过，他说你要教学生一定要"视其所以，观其所由，察其所安……"。

于漪谈教学

他讲得非常全面，而我们往往只是看到孩子的一个知识世界、学习世界，其实那是远远不够的。对人的了解应该是很全面的，孩子除了学习世界、知识世界之外，还有生活世界，还有心灵世界，因为每个孩子成长的过程中，都有心灵的诉求。他最希望做什么？他最喜欢什么？梦想的是什么？而这些都应该是我们做老师的要沉下心来、静下心来好好地去了解孩子。我教了几十年的课了，一个孩子就是一本书，你不断地了解他，有的时候亦师亦友，甚至他跟你讲的话跟父母都不讲，但是他信任你，那种幸福难以用语言表达。

"启智三思"生命之花绽放的课堂

于漪老师有一个很有意思的比喻。她说，要把课上得生动活泼，有吸引力，就像爱因斯坦解释相对论一样，一个男孩子坐在老人身边，他会觉得时间很长，可是如果他坐在美貌的女子身边，就会觉得时间很短。语文课其实也一样，老师上得好，学生自然就被吸引住了。

【于漪】

比如上《晋祠》的时候，我请学生每个人讲一处自己最熟悉的名胜古迹，结果他讲了一个泰山，我知道他的地理学得很好，因此我马上让他表演一番。我说请你讲一讲五岳。我当然晓得，如果说他学得不好，我这个时候就将他的军了，我知道他地理学得很好，因此我就让他讲一讲，他非常流畅的，西岳华山、南岳衡山、北岳恒山……他就很得意。

【谭轶斌】

好比提琴家上弦，歌唱家定调，第一个音定准了，就为演奏和歌唱奠定了基础。上课也是这样，第一锤就应该敲在学生的心灵上，像磁石一样把学生牢牢地吸引住。曾经有一位青年教师随堂跟踪了于漪老师的3000多节语文课。她最深切的感受是，于漪老师从来不重复自己，即便是同一篇课文教第二、第三遍，也绝对不重复，引导、点拨、启发、开窍……每节课都是一幕美丽动人的人文景观。

【黄荣华】

于漪老师曾说过："教师的教育行为如果能够像酶一样，能活化学生的知识，启发学生思考、思考、再思考，对学生就会有很强的吸引力。"所以在语文课的教学过程中，教师要善于运用不同的教育行为来拨动学生，为学生开启思维大门铺路。简言之就是要把问题装进学生的脑子里，使他们产生问题意识。

【于漪】

学生注意力集中了，就会出现各种各样的你意想不到的情况，一次我在教契诃夫的《变色龙》，教到快要结束的时候，一个女孩子叫陆荣珍，她突然举手站起来说："于老师，你教错了。"当时听课的人很多，有200个人，我没有

率先垂范，知行合一

意识到错在什么地方，就马上请她到讲台前头来，我说我还没意识到错在什么地方，请你跟大家讲一讲。她就指着我的板书，说：沙俄警官"变色龙"变来变去，因为狗的主人而不断地变，一会儿是娇贵的狗，一会儿是野狗，一会儿又是伶俐的狗，那么我就画了两条线，就是它变来变去，波峰波谷嘛，但是它多变的形式是由不变的本质所决定的，因为不变的本质就是它趋炎附势、谄上压下。那么到最后的时候，知道了这条狗是将军哥哥家的狗，我还是跟以前一样用波峰波谷。陆荣珍就举手讲："于老师，现在狗的主人已经很清楚了，沙俄警官这个时候拍马屁的心情就更急切了，那么心就跳得更快了，因此你的这条线和前面一样是不对的。"她讲得非常好，下面的孩子就说："对呀，这个时候他的心应该跳得更快了。"我就请他们上来，用红的粉笔修改我白的粉笔。她说："波峰应该是这个样子的。"因为更高更接近。我就跟学生讲："我在思维习惯的轨道上走惯了，当时只考虑到多变的现象和不变的本质一个方面，而没有考虑到多向思维。就是变化，变的过程当中它还是变的，我是单向思维，你们是多向思维，这点你们是我的老师。"所以孩子是非常可爱的！课堂最理想的境界是每一个孩子都是发光体，当这个课堂的每一个孩子的积极性能够发挥出来，很有趣的就是课堂时间会缩短，所以这个时候老师会享受到什么呢？教学的幸福。最开心的时候就是，两节课学生讲："哎呀，怎么那么短就下课了！"我这种快乐用什么样的文字才能形容它呢，就很难了。而孩子这种兴奋就会使得他的求知欲不断地旺盛，所以我说我的每堂课都不是句号，每堂课都是省略号。

"文化哺育"的民族魂

一个民族，一个国家，如果没有科学技术，那么一打就垮；如果没有优秀的文化传统和人文精神，那就不打自垮。在今天的各种场合，我们依然能够经常听到于漪老师的疾呼。

【于漪】

但是如果没有人文精神，不打自垮，不要打就垮掉了。文天祥曰："读圣贤书，所学何事？"我想不外乎是明做人之理，明报效国家之理。

【谭轶斌】

我深有同感。语言是一个民族的生命线，对外是展示，对内是凝聚。前些年，白先勇先生新编了古典戏曲《牡丹亭》，到各个大学去巡演，结果不少大学生居然无法看懂文言剧词，只好借助字幕上的英文，反过来揣度中文句意。在这样的大环境下，于漪老师为汉语所承载的文化继承将会出现断层而忧心忡忡。

【于漪】

民族语言则是民族文化的根，为什么秦始皇了不起啊？车同轨，书同文。这是影响民族大一统的事情啊！对外是屏障，对内是凝聚，是黏合剂。一个孩子他能够对中国的语言文字热爱的话，他对中国文化就有认同，它是一个民族情结，它不是一个自然符号，它是一个意义符号。

语文这门学科有着独特的价值和魅力，它所传递的知识、所选录的文章，不仅仅关系到人生道路的选择，甚至是精神的成长以及价值的取向。学好用好母语，光大民族语言文字的魅力，这不是小事。教好母语，同时也是在教民族的思想和感情。我们应该通过各种方式来培养孩子对于民族语言文字的感情，这不仅仅是掌握话语权的问题，更是守护和建设精神家园的问题。

【于漪】

什么叫基础教育？基础教育是从事的人的基本建设。所以从事基础教育的教师，一定要把根子扎得很正，扎得很深。我们都知道根深才能枝繁叶茂，才能硕果累累。教师必须有清醒的使命意识，一个肩膀挑着学生的现在，你要对他的生命负责；一个肩膀挑着国家的未来，今天的教育质量就是明天的国民素质。因此，教师工作不能够有丝毫的懈怠，不能有丝毫的松垮，要对得起孩子的生命，对得起家家户户，对得起我们国家伟大的事业。

让青春在讲台闪光

"一辈子做老师，一辈子学做老师。"如果青春可以重来，我依然会选择这个太阳底下永恒的事业。

让青春在讲台闪光

如果下一辈子还叫我选择职业，我仍然选择教育这多情的土地，选择我们可爱的学生，选择这永远光辉灿烂、青枝绿叶的教育事业。

于漪老师有句名言："一辈子做老师，一辈子学做老师。"教师，这个职业寄托着她一生的追求与热爱。粉碎"四人帮"，当她又能工作时，许多人劝她改行，但饱经风霜的她不仅选择了坚守讲台，更说出了那句震动人心的话：我始终记得母校镇江中学的校训——"一切为民族"，教师一个肩膀挑着学生的现在，一个肩膀挑着国家的未来。如果青春可以重来，我依然会选择这个太阳底下永恒的事业。

爱："沧海自浅情自深"

【沈一敏　杨浦区语文学科带头人、上海民办兰生复旦中学语文高级教师】

2005年，上海推出《上海市中小学生民族精神教育指导纲要》和《上海市中小学生生命教育指导纲要》两部文件，于老师认为"两纲"教育对学生的今日成长、明日发展有着重大意义。她听了不少一线教师的家常课，其中就有一节我所执教的，渗透生命教育的语文课《爸爸的花儿落了》。是于教师那鼓励的眼神，使当时的我初生牛犊不怕虎。我和学生们沉浸在课文内容的交流互动中，当我们的学生发自内心地说出，我们要从上一代的手中接过生命的火炬时，我突然发现于老师的眼睛里闪着亮光。那天课后，评完课，她主动拉着我的手，语重心长地对我说："我们语文教学的未来

于漪听课

就要靠你们这些年轻教师。"我记得那天天气很冷，阴沉沉的，可是我的心里却有阵阵的暖流，我想这一辈子我都不会忘记那一天，那一句话。

那一年，上海市也正式启动了首期名师工程培养基地的学习，令我难忘的是于漪老师竟然还关注着我，惦记着我，可是那一年只有 27 岁，仅仅是中级教师的这样一位普通民办学校的语文老师的我，竟然破格进入名师基地学习。我深深地感悟了这样一句诗句的内涵，"化作春泥更护花"。

帮助初出茅庐的青年教师是于漪最愿意做的事，哪怕与他们素昧平生，她常说："一个人的精力是有限的，我们的教师队伍一定要有团队。作为一块垫脚石，我能够给大家垫一步，这是我终生有幸。"在她的发掘和培育下，一批批青年教师脱颖而出，并形成了全国罕见的"特级教师"团队。

【陆宏亮　复旦大学第二附属中学语文教师、杨浦区语文学科带头人】

于老师具有强大的凝聚力，不仅源于她的学识魅力，更来自她的人格魅力。她对于青年教师的关怀总是那么无微不至，我们凡是有新著作出来，她一定从头到尾细读，不管多忙，她都会为我们的新书手写序言。平时她自己生病住院从不告诉我们，但是我们生了病她都会记挂在心上。最近，她的腰受了严重的伤，但是腰伤未愈的她就坚持来参加我们的活动，而且一讲就是3个小时。于老师私下对我说，百年语文，内忧外患，趁着我现在还能讲，就要为青年教师多讲一讲我们的语文。

【于漪】

俗话说：一个篱笆三个桩，一个好汉三个帮。青年教师在工作的时候，会碰到很多困难，他也有心理诉求，你作为老教师，搭个手，铺垫一下，帮个忙，这是人之常情，也是理所当然的。不懂或者碰到一些什么问题，碰到一些挫折，这是非常自然的事情。我觉得我们教育的希望在青年教师身上，因为他们手里捧的是国家的未来啊！他们塑造的是我们未来公民的基本素质，我们老教师应该竭尽全力呵护青年教师，培养青年教师，应该有这样一个胸怀，就是青出于蓝而胜于蓝，这样我们的教育才有希望，明天才会更灿烂。

严："永不停歇的自我攀登"

于漪老师说："在我的教育生涯当中有两根支柱，一根支柱是学而不厌，一根支柱是勇于实践，两根支柱的聚焦点是反思。"正是学习、实践与反思的紧密结合，让于漪老师成为一个襟怀博大、心灵澄澈、见识卓越、永不落伍的"师之大者"。

【陆宏亮】

记得于老师第一次来听我的课时，我为这堂课做了精心的准备，但是课后于教师就文本的解读与我进行交流，显然她对于文章的理解更为深刻。她要求我一周后把修改后的教案再给她过目，她说每一节课都会影响学生的生命质量，她还说一堂好课学生会记一辈子。她就是这样的严师，不是语言上的严苛，而是专业上的严格，会让你敬畏课堂，心有学生，一刻都不敢松懈。

【于漪】

我没有想到十几年以后，这些学生来看我，把我讲的话全部都背出来给我听。我此时此刻才理解三尺讲台，联系到孩子的生命历程，我说什么叫上课，上课的质量就影响到孩子生命的质量，你教的这些高尚的人、高尚的情操，教的这一些道理，教的这些祖国山川美，你自己不感动你怎么感动别人呀？所以我说教学是用生命在歌唱。

于漪老师常说："感人的教育教学境界的出现，是从教者倾注心血投入，努力攀登，坚忍不拔的结晶。"这种攀登不只是在教育技能技巧上着力，而是人生态度的攀登，情感世界的攀登，是为师者一种风范的创立。攀登的基础是敬畏学生生命，敬畏教育专业，以心相许。

【于漪】

教师的精神成长和发展是非常重要的，因为教育不是一个结果，它是生命展开的过程，永远面向未来的，学生是这样，教师也是这样，他应该跟学生同步成长，同步发展。教师精神成长的真正动力在哪里，就在她内心的深度觉醒。人觉醒有迟有早，有的觉醒得比较早，立志得比较早，有的可能是晚一点，这都没有关系，但是不能假睡，因为永远唤不醒假睡的人。他是假睡的，所以永远唤不醒的，而我们是要做一个觉醒的人。那么内心的深度觉醒是什么呢？就是说把你自己日常平凡的教育工作，和我们国家事业的发展，和老百姓千家万户的幸福紧密联系在一起的时候，你就觉得你的工作是多么有意义，有价值。因为今天的教育质量就是明天的国民素质啊！你今天把孩子教到什么样，明天我们的国民素质好不好，就看你今天做得怎么样。

能："教育的生命力在于教师成长"

如何促进青年教师成长？于漪老师主张："要使自己的教育教学永远勃勃有生机，就必须找到自身最强烈的刺激，那就是4个字——自我教育。"

【陆宏亮】

于老师经常会推荐我们看一些很经典的书，比如冯友兰的《中国哲学简史》，袁行霈的《中国文学史》，同时也会推荐我们看一些较前沿的书，她觉得教师首先应该是一个读书人。传道、授业、解惑，须臾离不开书。道不明，业不精，又如何"解惑"？自己有源头活水流淌，才能恩泽学生一二。

【沈一敏】

于漪老师总是说，教师身上要有时代的年轮。她觉得，事业要取得辉煌，首先要让心灵辉煌起来。而心灵辉煌的原动力是理想信念，执着追求，所以每次我们培训，她都能带来新的东西。她请来复旦大学的杨福家教授，给我们进行宇宙空间的最新科普讲座；她请来张汝伦教授，为我们进行中西方哲学史比较的讲座；她自己也不顾80多岁的高龄，在讲台上滔滔不绝3个多小时，把语文教育放在现代语文百年发展史上，纵横比较。她以她自己的身体力行践行着她常说的一句话：一辈子做老师，一辈子学做老师。

【于漪】

宋代的张载曾经这样讲：为天地立心，为生民立命，为往圣继绝学，为万世开太平。我们读书人，我们教师就要有这样一种气概来做工作。著名的作家汪曾祺讲过：人总要把自己生命的精华调动起来，倾力一搏，就像干将莫邪一样，把自己炼到自己的剑里，这，就叫活着。我读到这段很震撼，我想我们教师要像春秋时候的名剑干将莫邪一样，把自己炼进自己的剑里头，这才叫活着。我说人的生命的价值和意义不是别人施舍的，别人也左右不得，都是自己创造的。为了我们亲爱的祖国，为了我们可爱的孩子们，我们老师必须这样做，把我们自己炼进我们的教育事业中，为子孙造福。

【陆宏亮】

曾经有人说过，平庸的人只有一条命，叫性命；优秀的人有两条命，即生命和性命；卓越的人则有三条命，性命、生命和使命。于老师就是生命和使命结伴同行的忠实践行者。名师在前，作为青年教师，我们自当奋力前行。

滴灌生命之魂

　　德育要在学生精神成长中发挥重要作用，摇动、推动、唤醒学生，教师就必须"走进"学生的内心世界，只有这样才能真正在孩子心灵深处滴灌生命之魂。

滴灌生命之魂

"树中华教师魂，立民族教育根"是自己终生奋斗的目标、始终不变的精神追求。

伴随着信息大爆炸，多元文化的冲击，急功近利成为常态，有用和没用成为行为选择的标准，学生也正面临多元价值的冲突。

从于漪老师提出的"培养有中国心的现代文明人"的德育目标中我们看到了"固守民族之根"的决心，回答着"德育用什么来为学生的未来奠基"。

德育用什么来为学生的未来奠基？——要有中华文化的主心骨，放眼世界

【董鹏　上海市洋泾中学语文高级教师、浦东新区中学语文学科带头人】

说到育德我们先来看看"德"字的结构，解读"德"字的内涵，首先解决"育德"到底育什么的问题。"德"字的右边有一只眼睛，眼睛之上是一个"十"字，这是表示目光直射的意思，它代表着理想、信念和方向；"德"字的左边是"彳"形符号，就是通常我们所说的"双人旁"，它表示道路，也是表示行动的符号，代表着在理想、理念和方向引领下的实践行为；"目"下面又有一个"心"字，这就是说遵循本心，顺乎自然，知行合一，身心合一就是"德"。"德"字的结构告诉我们育德就是要培育既能仰望星空，又能脚踏实地的具有"中国心"的现代文明人，其核心是"中国心"。

【金薇　上海市曹杨第二中学语文高级教师、普陀区首届"青年英才"】

从某种程度来说，多元选择如果没有固好"根本"，那么多元其实可以说是"无元"，也可以说没有原则和底线，如果没有了"根本"，在多元价值冲击下，人很容易迷失自己，很难成为社会的栋梁，很难为民族担负起一定的责任，甚至很有可能在世界浪潮中被吞噬。于漪老师长期关注学生、关注教育，发现了这样的问题。忧心忡忡的她多次强调学校德育内容中民族精神、民族文化认同的重要性。

【于漪】

我们工作中可以犯各种各样的错误，但是绝对不能犯颠覆性的错误。我们把孩子教得有知识了，但连"中国心"都没有了，那就是颠覆性的错误。教育是每个国家教育自己的后代的，因此你首先要让他搞清楚，他是一个中国人，根在什么地方？我们要培养的不是回到过去，而是现代文明人。

【金薇】

中国的传统美德中人与人之间十分看重情义，父母情、兄弟情、亲朋情、师生情、山水情等，于漪老师常常抓住这样的契机，在课堂上引领学生感受中华文化。

【于漪】

人之所以为人，他一定要有精神支柱，中华民族有几千年的文明，华夏数千年文明里面的精华，我们应该珍视它，用它来滋润学生的心灵。我觉得做老师的就应该用我们中华民族的精神来铸就学生的脊梁，一个人脊梁骨硬了，立人、立事，就能够真正为国家作贡献。

德育如何直抵学生的心灵世界？——走进学生的心里

德育很重要，这是目前已经达成共识的，但德育领域的各种共识和探讨都必须建立在学生"心动"的基础上。德育要在学生精神成长中发挥重要作用，摇动、推动、唤醒学生，就必须"走进"学生的内心世界，而于漪老师一辈子都在思考"德育如何直抵学生的心灵世界"？

【金薇】

于漪老师一辈子都在研究学生，她提出要做到牢固树立育人的大目标，就要研究和深入到学生成长的三个世界——生活世界、知识世界、心灵世界，知心才能真正教心。三个世界要和谐发展，不能只重其一，不重其二，要坚持全面质量的提升。

【于漪】

我觉得教孩子就要"教心"，教到心里头才能够有心灵感应。但是"教心"必先"知心"，你要真正了解他。我们往往以成人的一些想法、语言去要求孩子，其实是不对的。作为老师，一定要走进学生世界，所以老师要眼看、耳听，要心想，要经常想到孩子是怎样的。初中的学生跟高三的学生就有很大的不一样，你一定要从孩子的实际心理需求、生理状况出发。所以老师要有细心、耐心、恒心，锲而不舍，这样才能真正地和孩子交朋友。什么叫老师？亦师亦友。你老师端起一个成人的架子教育他，不行，他是好朋友，是知心朋友才能够做到知心的老师。只有这样才能真正在孩子心灵深处滴灌生命之魂。

育德如何在课程整合中走出生命的精彩？——学科育人做到"术""道"合一

早在 20 世纪 80 年代，于漪老师就提出了"融知识传授、能力培养、智力发展、思想情操陶冶于一炉"的教学观，后来发展完善为追求综合效应的全面育人观。

关于学科综合育人观，于漪老师首先要求各学科必须做到"术""道"合一。"术""道"合一的核心是三大支柱——知识和能力，过程和方法，情感、态度、价值观的有机融合。

"术""道"合一的核心理念

【金薇】

很多时候，我们往往觉得德育是外在加入的，似乎文化和思想才显示课堂实力，以前我也是这样认识的。然而，在进入语文德育基地学习之后，我越来越觉得有价值的课堂，一定是有学科德育思想引领的。无论是培养学生的文化素养，还是推动学生思维的发展，只有站在"立德"的高度，我们的视野才会更宽广，可持续发展的可能才越大，因为我们今天所做的一切都是为了"明天的人"。

【董鹏】

智性是孩子生存和发展的本领，而德性是其做人的底线，二者是合二为一的，不是外加的。因此，所有课程都要能够立体化施教，全方位育人，让人人都是德育工作者。

【于漪】

教材本身的内涵就是德育的精神家园，也是我们进行德育的一个依据，有的时候我们往往就不够重视，缺乏深刻的认识。如果脱离了文本，脱离了教材，去随意地发挥，无限地延伸，那只能是空洞的说教。我觉得要做到德、智融合，应该是在钻研教材、钻研文本上真正下功夫，要读懂，读出这个文本里内涵的价值，也就是说老师眼睛要有洞悉的能力。另外，我觉得还是一个育德的意识，你要用这样一个教材来教育孩子，既要教文化，教语言文字运用的技能技巧，又要培养他的综合素养，因此你自己的育德意识一定要很好地思考。也就是说，你要培养学生对你所讲的知识能够信服，听得进，你教的东西就必须要有吸引力、感染力。我觉得首先你自己要相信，你不是叫学生相信。高尚的人，高尚的情操，你自己要相信。自己首先感动了，才能感动别人。如果说自己冷若冰霜，只把它当作一个知识来讲的话，怎么感动学生？因此在这里教师的情感就非常重要。情感是"发动机"，这样师生在课堂里就能互动，共同交流，共同来提高我们自己的思想道德素质、科学文化素质。

【金薇】

"只有德育的口号，没有专业的能力，学科德育将流于空洞；只有专业能力，没有育德的融合，学科育人无法实现。"于漪老师的学科德育之所以能永葆活力，在我看来正是因为她很好地处理了两者之间的关系。学科德育引领了正确的方向，专业能力保证了课堂实力，育人于无痕中。

85岁高龄的于漪老师又在进行关于学科间纵向衔接和横向贯通形成育人合力的探索，她以上海市语文学科德育实训基地为试点单位，以"中小学语文学科育人功能纵向衔接横向衔接的实践研究"这一课题为抓手，探索中小学语文学科与相关学科的德育共通规律，体现课程的德育合力，提升中小学语文教师的育德意识和育德能力。借助语文学科"文以载道"的学科特点，从探索跨学科育人规律入手，关注学生的学习经历，探寻语文和历史、地理、音乐、美术、英语等学科的综合育人功能。

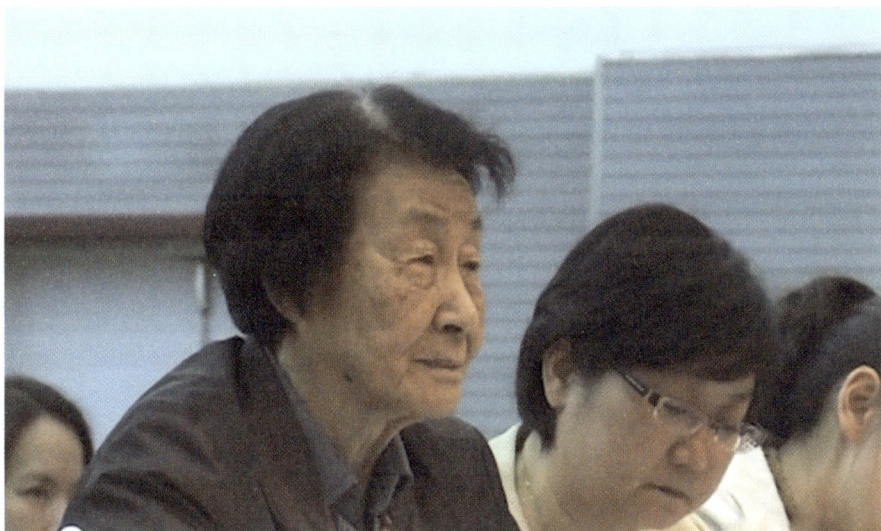
于漪老师进行实践探索研究

【于漪】

我觉得学科德育要在我们所有的教师当中铺开，创造性地来运用发展，有两大难题：第一个就是我们育德的基本功还不深厚，有的还很欠缺。比如说人一辈子都活在价值体系当中，这个价值取向是非常重要的，人生的意义价值在哪里，国家的前途命运，那么你自己必须就要信奉我们的制度，信奉我们的道路，所以你要对学生进行教育的话，你一定要有理论的基础，你要有辩证唯物主义观点，要有历史唯物主义的观点，因此应当好好学习马克思主义。又比如，我们的社会主义核心价值观，作为公民，第一条就是爱国。爱国是每一个中国人必须做到的，你对学生进行爱国主义教育，那么你自己对国家有怎样的深情厚谊？你首先要自己做到。因此教师难，难在什么地方呢？它跟其他行业有不一样的，就是你必须身教才有力量，要学生做人，首先自己要做一个堂堂正正的人。第二就是要德、智融合，所以我们的教学基本功还要进一步地加厚，这个都是一辈子的事情了，你同样上一堂课，但是不同的教师教起来效果可以大相径庭。为什么？就看这个老师的功底，他的学识怎么样？他一讲出来孩子就爱听，就有吸引力，这课堂就是一个磁场。做老师的经常会听到这样一句话："经师好为，人师难做。"就是你要传授知识这一点，那还是比较容易的，我们的计算机就可以传授了，为什么人师难为？因为一个孩子的成长，他真的是要人对人的交流，为什么他有个心灵感应、感情交流、智慧的碰撞，他不一样的。因此做人师是难的，要一丝不苟，这才是人师，那就是说要德才兼备，我们的十年发展纲要里头讲，教师队伍的建设要师德高尚，要业务精湛，还要充满活力。充满活力你就要有实践精神，要有创新的能力，是难的，但是为了我们孩子的成长，为了国家的未来，我说再难也要攀登。教师教好学生，为孩子的成长、成人、成才做贡献，这是你的天职。

直面时代的叩问

　　直面时代的叩问，什么才是现代教育最重要的目标呢？所有的学科都是为育人的大目标服务的。那教育真正的生命力到底在哪里呢？不断地学习，不断地提高，不断地自我否定，自我超越，是教师成长的第一要务。

直面时代的叩问

教育从来就是国家的、民族的事业。任何国家举办教育，特别是基础教育，它一定是传承本民族的优秀文化，弘扬民族精神。

于漪曾为她的《语文教学谈艺录》拟过一个小标题，叫作"跑步前进"，总是与时俱进、总是"先天下之忧而忧"、总是在与时间赛跑，正是年过

潜心写作

八十的于漪一以贯之的人生态度和思想追求。

她有着强烈的理论渴求，但她从来不是为研究而研究，而是为解决实践中的问题而研究，是一个始终不曾离开教育教学一线的研究者。

退休后的于漪更竭尽全力地关注着中国教育的变化与发展，倾力写下几百万字的著作，并在各种场合大胆谏言，直面时代的叩问。

【于漪】

我们在做教师的时候，最最根本的一条就是一定要考虑到：你干的是什么事情？是育人的工作，所有的学科都为育人的大目标服务。

教书要为育人服务

关于"教"与"学"的关系，于漪说，学生是学习语文的主人，"教"不是统治"学"、代替"学"，而是启发学生"学"，引

导学生"学"，教师的"教"是通过学生自身的学习积极性发挥作用的。

关于教师修养，于漪说，语文教师在学生心中应该是"师风可学"，又"学风可师"。教师要有丰富的智力生活，要紧的是功底、视野、驾驭力。而她最一以贯之、始终坚持的是"教育性教学"，也就是她认为的，教书要为育人服务。

【兰保民】

胡治华先生有一篇文章，题目叫《于漪的学术境界》，其中有一段总结他是这样写的：针对语文学科性质的问题，于漪经历了艰苦的实践和反思。可以说，中小学母语教育的性质问题，是于漪语文教育研究的立足点。

学习于老师我有一个体会，那就是于老师她一贯强调从育人的高度，从教师的崇高职责，从语文学科的个性特点出发，来实施教学。她认为语文教学应该也必须成为教育性教学。

【于漪】

你要明道理啊，你为什么要读书？读书就是明理，明做人的道理，明报效国家的道理，你这点都不懂的话，你读书白读了。

【兰保民】

从"教"的角度来说，这又可以表述为她的"教书观"，那就是"教文育人"。这样她的"读书之道"与"成人之道"，她的"教书之道"与"育人之道"便成为一个一以贯之的系统，它们之间从来就不是两张皮，而是密切融合，不可分割的。

教师要站在文化的平台上

在于漪眼里，做一名教师需要不断拓宽视野，站在文化的平台上，只有学习才是生命的朝阳。而对中华文化发自内心的热爱，也荡漾成了美不胜收的生活画卷和教育风景，丰富着于漪的心灵和课堂。她喜欢画，"文革"期间，她虽然受到很大的冲击，但是每逢有高水平的画展，她都坚持去看。她喜欢罗中立的《父亲》，喜欢李可染的《万山红遍》，喜欢董希文的《春到西藏》，从艺术作品中，于漪不仅仅得到了美的熏陶，同时也汲取到了对抗人生苦难、创造美好生活的精神力量。

【于漪】

在现实中，做老师是很不容易的，面临着许多挑战，因此你必须在"学海"里头很好地沉浸下去，吸取新的知识，新的营养，要学风可师，在学风上应该严谨、好学。

【兰保民】

从参加工作一直到现在，于漪老师从来没有离开过语文教学，因此对语文教学的规律她是有切实体会的。又因为她有相当的哲学素养，熟悉教育学和心理学，对语言学、文艺学，以及再下位一点的文章学这些领域，她也有比较深入、系统地学习、思考和研究。这就使她能够不仅仅局限在语言学科本位的立场，而是能够用多学科视角，从培养人的全局去认识语文学科作为一门基础教育课程的性质和功能。

于老师矢志不渝地一直在推动着教师读书，在"教师博雅"官方微信的"名师品荐"栏目中，她推荐老师们多学点哲学。她说："我一直认为教师须学一点哲学，面对教育工作的艰巨、复杂及难以洞悉的变数，碰到矛盾、问题，不做辩证、唯物、历史的思考，就会迷雾一团，茫然无所措，甚至方向不辨，是非曲直不分。"

【兰保民】

当年张志公先生曾经评价说，于漪教书，简直着了魔！现在应当再加上两句，那就是：于老师学习起来，简直着了魔！于老师的思考，简直着了魔！她永远是在不满足地学习着，奉献自己有限的生命，获取精神上的无限欢乐。她的学术生命也因此永葆青春。

【于漪】

我们的孩子是活泼泼的生命体，他绝对不是一个容器，让你去灌水的，所以课堂里头一定要有时代活水流淌，这样你就能够和孩子们精神交流，可以心灵碰撞。朱熹老夫子曾经讲过："半亩方塘一鉴开，天光云影共徘徊。问渠那得清如许？为有源头活水来。"对老师来讲，不断地学习，源头活水是非常重要的，我们的文史哲，我们的科学技术，无处不是你学习的天地。我经常感觉到自己有些问题讲不清楚，上课不能一语中的，这为什么？就是说自己的文化积淀不够，所以才会捉襟见肘，所以要不断地学习，就是这个道理。不断地学习，不断地提高，不断地自我否定，自我超越，是教师成长的第一要务。

中国教育要有自己的话语权

于漪老师始终坚持中国教育要有自己的话语权。对于来自外国的东西，她始终持有一种寻根究底、以我为主的心态。她以为，学习外国科学的教育理论，借鉴教学方法，目的在于丰富自己，并曾在不同场合大声疾呼教育话语权的作用不可小视。

【于漪】

我们还有一个梦想，就是我们要有自己的中国的教师学，因为中国的教育，特别是基础教育，体量是非常大的。我们研究的资源是非常丰富的，有发达地区，有中部地区，有西部地区，因此这个教师的层面从城市到乡村它有共性，但是也有许许多多地域的特点。我们之所以叫教师学研究会，是因为我们想中国不仅教育在世界上有话语权，而且我们有中国教师自己的教师学。

【兰保民】

当下有一种很不好的现象，就是有不少教师他无论搞课题还是写论文，只要不引用外国教育理论，不引用外国教育家的言论作为语录，似乎就觉得没有水平，不够前沿，不跟时髦，对于这样的现象于教师非常忧虑。还有不少学者总是喜欢把我们的教育实践、教育研究所取得的进步和成效，作为一些外国教育理论和教育理念的论据，针对这种丧失教育自信和文化自信的不良现象，于老师提出了尖锐的质问：中国教育的独立的精神，中国教育的自由的思想，究竟到哪里去了呢？

【于漪】

教育从来就是国家的、民族的事业。任何国家举办教育，特别是基础教育，它一定是传承本民族的优秀文化，弘扬民族精神。因为教育它要解决的是本国家、本民族、本地区的建设人才，它要培养的是这样的人才。所以我们办教育一定要眼睛向内，而不能只是眼睛朝外，只看到人家。我所理解的眼睛向内并不是说狂妄自大，排斥国外，故步自封，也不是妄自菲薄，一看到我们这也不行，那也不行，我们什么都不行，不是这样。所以我一直认为我们办教育一定要怎样呢？要立足本国，要面向世界，也就是说要把国外的最优秀的东西能够借鉴过来，借鉴过来的目的是为了办好我们自己的教育。也就是说，要有中国立场，世界视野，创建有中国特色的教育理论，教育实践，为国家做奉献，为子孙造福，为人类做贡献。

花径偶遇，也是师生交谈的好时机

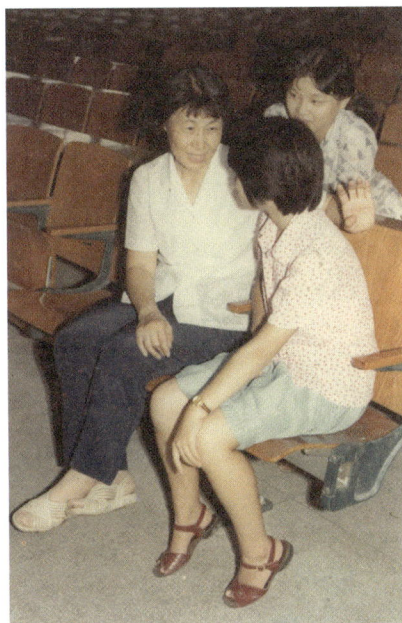
与学生讲悄悄话

批改学生的写字作业

80 年代中期，应香港中国语文学会邀请参加大会并作学术报告

赴沈阳参加中学语文教学改革会议，会后享受雪落故宫的美景

青年语文教师备课研讨

1989 年被评为全国先进工作者，
与大家一起登上天安门城楼

80 年代中期与密歇根州立大学教
育学院，牛津大学教育学院合作研究
职初教师培养的课题。照片为中期研
讨个别交流

80 年代中期，美化
校园，亲自动手

90 年代，教育部语文教材审查专家聚会

1982 年 7 月，应呼和浩特教育局邀请赴内蒙古讲学

90 年代初，听课间隙与刘国飞、张掖之、章熊三位先生交换意见

学做人师，行为师范

——『大先生』于漪谈如何做『好先生』

学做人师（上）

学做人师（下）

碩學為師
潔身作範

蘇步青題贈

我做了一辈子的老师，一辈子都在学做老师。为什么这么说呢？因为在我的脑子里头，做人师是非常不容易的。

　　汉代的韩婴在《韩诗外传》当中讲，什么人才能够做人师呢？做人的老师，必须具备这样的条件，就是"智如泉涌，行可以为表仪者"。就是你的智慧要像泉水一样喷涌而出；而"行可以为表仪者"，就是你的思想言行能够做别人的榜样。用我们现在的话来讲，就是德才兼备。这4个字讲起来容易，但做起来十分艰难，够我学一辈子。因为做人师不是做教书匠，对孩子不仅是言教，重要的是身教，身教重于言传。教育家乌申斯基讲："在教育工作当中，一切是以教师的人格为依据的，因为我们的教育力量，它只能是从教师人格的活的源泉当中来。"所以，不管教育行政机关有多么精细的周密的规章制度，都不及教师人格的力量，人格的作用。因此我在想要做人师的话，首先是要完善自己的人格。

　　在我心目当中有许多榜样，我不仅牢记"智如泉涌，行可以为表仪者"，而且还一直追求这样一些光辉的榜样。比如说我们非常崇敬的鲁迅先生，他做过中学老师，做过大学老师。他做老师，浑身有感染力和辐射力。他在北平师范大学教课的时候，不仅课堂上坐满了人，走廊上也站满了人。有时候走廊里站不下了，就到操场上去上课，把饭厅里的方桌搬到操场上去上课。周围全都是学生，人山人海，他就站在方桌上讲课。那个时候是秋天，北京的秋天是比较冷的。深秋寒风吹，那时候没有扬声喇叭，没有扩音器，他就站在那儿滔滔不绝地讲，学生听得全神贯注。师生的心灵交映，真正就是世界上最美的乐曲了。我看到书上记载的这个场景的时候，真是非常感动。我想做老师做到这个份儿上，这是人师了。因为他讲的话讲到学生的心中，讲到青年前进的方向。为什么会有这样的感染力？我想是因为他人格高尚、学识渊博。比如说在我们教育群体里头，历史上有个非常有名的，就是西南联大。那师资真是精英如云，美极了。各种各样的老师，各种各样的个性，那是智慧的海洋。我们都知道那时条件是非常艰苦的，日本鬼子蹂躏了我大好河山，所到之处，生灵涂炭，西南联大所在的地方也在不断受到空袭的威胁。有一次，在一个破饭厅改造的教室里上课，只听到课堂里是音乐一般的声音在讲。他说："黄昏时分，从四面八方辐辏而来的鼓声近了，更近了，十分近了。神光照得天边通亮，满坛香烟缭绕。"莘莘学子，全神贯注。这是谁在上课呢？是闻一多先生。闻一多先生我们都知道，他是激情洋溢的。他的《一句话》中的"咱们的中国"，哪里是语言啊，它是心里头喷射出来的岩浆啊！咱们的中国，不能让别人蹂躏、欺压，因此他的课同学们是非常地珍爱，他简直是用像音乐一般的语言在上课。为什么这些老师教课有如此的魅力，那是因为人格高尚。因为在他们的胸怀中忧国忧民，为国为民，一辈子考虑的就是国家的兴衰，民族的存亡，所以他是把自己所从事的教人的事业、育人的事业和国运兴衰、民族存亡紧密地联系在一起。他们的学识渊博，研究到哪个领域，哪个领域就能出成绩。

再看我们上海，我有机会也很幸运接触到苏步青老先生、谢希德先生。我站在他们面前，就能感受到他们人格的魅力。我觉得他们人格高尚、学识渊博。我总有这样的感觉：高山仰止。在我面前，他们是巍巍高山；我呢，是一个平凡的人，一个普教的老师，所以我总是仰着头看他们。但是我又想，他们也不是生下来就是这样的，也是一辈子不断地追求、不断地修养自己的结果，因此有完美的人格，有渊博的学识。我们中国有一句古话，叫"千里之行，始于足下"，也是

大先生
于漪
184

一步一步走的。你就是登上泰山之巅，也是要从泰山脚下一步一步攀登的。所以我就是以这样一些伟大的老师为榜样，从山脚下跑起，一步一陟一回顾，走一走，回过头来看一看，自己提高了没有？问题在哪里？我想做人追求生命的价值和生命的意义，也就是一步一步地攀登。古希腊的柏拉图在《理想国》里头讲过，什么叫教育？教育就是把人从洞穴里头引出，进入一个真实的精神境界，而知识能力是攀登精神世界的阶梯。我作为一个教师，应该追求的是完美的人格，那就是真善美的境界。我不断地学习，就是为了攀登这样一个阶梯，以达到人格完美的境界。

要讲人格完美，那是非常不容易的。怎样才能够使得自己符合一个人民教师的称号，人格完美起来呢？除了有座右铭之外，就是时刻以这些榜样为我前进的巨大动力。

为了追求人格的完美，真正做一名合格的中学老师，我在三个方面下了一些功夫：第一个方面，就是自我认识，清醒地认识自己。中国有句古话叫"人贵有自知之明"。为什么自知之明就贵呢？因为人多半是很糊涂的，很容易以己之长比人之短，越比心态就越不平衡，越比就越没有动力，所以中国人说人贵有自知之明。能够清醒地认识自己是非常可贵的，我自己想了一下，确实如此。

在教师的素质里头有一个基本素质非常重要，就是谦逊。谦逊是人的美德，对教师来说尤其如此。因为他要育人，要培育学生成长、成人、成才，所以你就要跟着时代前进，就要不断地学习。我们讲虚怀若谷，你就能够听得进东西，而志足意满的话，就好像一杯水已经满了，那再倒也倒不进去了。什么叫聪明啊，耳聪目明，就是眼睛是亮的，耳朵能够听得进人家的东西，入目入心的话，就要虚怀若谷。为了做到这一点，我应该怎样清醒地认识自己呢？

我有两把尺子，一把是量别人的长处，一把是量自己的不足。我的不足太多了，所以我不得不去量别人的长处。就在我们现在的杨浦高中，原来是第二师范，当我第一次上语文课的时候，非常紧张，我希望我们的老组长徐老师能够帮助我。他来听我的课，我清晰地记得，当时我教的是王愿坚的小说《普通劳动者》。我教完了以后他就跟我说了，"你当然有这个那个的优点，不过……"，这个"不过"下面那句话分量太重了。他说："不过，这个语文教学的大门在哪里，你还不知道呢。"我听了这句话，简直像五雷轰顶一样。我作为一个语文老师，语文教学的大门在哪里还不知道，我就不合格了。我问他："门在哪里？"他没有告诉我。这个对我刺激很大，打击也很大。这就成了我一辈子追求的动力。我不仅要找到语文教学的大门，而且要登堂入室，我就不相信我这个人找不到语文教学的大门，因此我下决心一定要用把尺子去学别人的长处，不断地去量别人的长处。

我们教研组有 18 个老师，女老师很少，就我一个。我想我把17 个老师的长处都学来了以后，我就成长了。因此我处处注意别人的优点，哪怕是教研组会议发言，我都认真听，竖起耳朵听，哪些是非常重要的，我都会把它记下来。

我向同行学，向专家学，向学生学。比如说我长期是教高中的，高中阶段当时最重要的是两个方面，一个是议论文，我对议论文是非常重视钻研的；一个是文言文，对有些记叙文不是十分重视。可是后来我到初中去听课，我就发现有很多差距。在早自修课有的老师不断地培养学生背诵我们的古诗词，绝句、律诗，这个对我的启发很大。我怎么会没有想到呢？古诗词是我们民族语言的精华，民族文化的精华。如果日积月累，对孩子来说这个文化积淀是了不起的，我就没想到。我没做到是因为我没想到，是因为我没有认识，因此我找到了差距。后来我教初中，因为要培养青年骨干教师，所以我中途接了一个初一下半学期的班级，于是我就学这位老师，每天早读课背古诗词。这个经验我是学得来的，我觉得它是非常有用的。如果一个初中的孩子有一百首两百首的古诗词打底，那么他到中学学语文，困难就不大了。

我们教语文，经常有各种各样的口号，有的是科学的，有的是伪科学的。比如说，我们教学生的语文能力的时候，"读、写、听、说"，有时候有这么一个口号。语文也要像外语一样"听、说"领先，我是不敢恭维的。为什么？母语教学跟外语教学是不一样的。因为小孩子生下来，就在母语环境里头，为什么要"听、说"领先呢？外语不一样，没有这样的语言环境，所以要"听、说"领先。为此我就想要研究一下，中国人怎么学母语，中国人怎么学外语；外国人怎么学他的母语，外国人又怎么学汉语。在研究过程当中，我有一些零零碎碎的体会。但是有一次我突然发现一本书，是江苏的，叫《中外母语比较研究》，是作为一个课题来研究的，我就觉得自愧不如了。我想到了一些问题，但是我就没有下决心下狠心去系统研究。所以我在教学生涯中，一辈子看到自己的不足，这个赶不上，那个跟不上，这样越比就越比出自己的干劲，越比出内驱的动力。我觉得最好的是比出来一个良好的心态。因为总是看到自己的不足，所以你始终就是心态良好了。比如说我听青年教师的课，我一方面是听课，实际上我更多的是学习。因为每个人都是有智慧的，而对教师来讲，每个人的上课都是有创造性的。同样一个教材，同样一篇课文，不同的老师教法都有自己的个性，因此我在听课的时候，就从中吸取养料滋润自己丰富自己。人要成长成功，必须要有

于漪老师在备课

一个良好的心态，以己之短比人之长，那你永远没有烦恼，永远觉得有使不完的劲。

　　我真是觉得教了一辈子的遗憾的课。在教课之前，应该说我是认真备课，问心无愧的。20世纪50年代、60年代，可以说每天夜里明灯陪我过半夜，都是要搞到1点钟，9点以前搞工作，学校工作繁忙不堪。我教两个班语文，一个班主任，再做一个教研组副组长。高中的语文，学生写起作文，两三千字是家常便饭。你要和他交流，要改。很多是通过自己的总批和学生心灵交流的，他写两三千字，老师要批上个把千字。因为学生最喜欢看你的评语，他对你有一种企盼、一种渴望。我想到孩子的这样一些心情，我就熬夜了，有的时候真是熬到天亮。一学期要写8篇作文，我还要写8篇小作文，一共 16 篇，那是怎样一个工作量！但是在改作文当中，我也真是感到了学生的青春活力对我的教育。男孩子十七八岁，写起来真是慷慨激昂，淋漓尽致。

要说我的成长，真是感谢高中的一些学生对我的教育，那种青春活力的感染，使得我觉得教育真正是世界上最美好的事业了。每次备课我都很认真，但是课一教下来，我一反思，不是这里有毛病，就是那里有毛病。我后来想了一下，当我对这个问题十分明确的时候，课堂上一定是要言不烦，一语中的；当我有点含糊的时候，就是废话最多的时候。为什么废话最多呢？因为我自己吃不准。你教师废话多，学生如坠雾中，他就搞不清楚，所以我每次就记下自己的不足。比如说，同样教景物描写，每一次的景物描写都要教出个性来，谈何容易啊！而我们的任何学科只教出共性，不教出个性的话，学生很难深受其益。把握住个性，文章一篇一个样。同样是景物描写，有的是枯笔素描，有的是英国水彩画，有的是油画。不同的文章，不同的描写，自己要深入其中，然后才能讲出道道来，才有你自己的语言。所以等到教完以后，回过头来再看一看，真是遗憾悠悠。所以我每上一堂课，都有一个教后。教后是两个内容，很简单，123456，记上学生的闪光点。学生全神贯注，学习的时候他能够超水平发挥，提出的一些问题会超出你备课的想象，我都把它记下来。第二就是记上自己的不足。有些问题在备课的时候根本没有考虑，学生发挥了主动性、积极性，对我的触发，使得我思考这些问题。有的是解答了，有的就解答得很不完美。我就记下自己的不足，就好像法国的文学家罗曼·罗兰所讲的，他说："累累的创伤就是生命给你的最好的东西，因为这上面标志着你前进的一步。"我回过头来看看自己教了一辈子遗憾的课，正是这些累累的创伤、不

学做人师，行为师范

189

足、缺陷乃至错误，使得我一辈子执着追求、不断进取。有的时候自以为是没有问题的常识也会错，而错了自己不知道。比如说对我们语文老师来讲，"曲高和寡"是个非常普通的成语，所以我脑子里一直认为，《下里》《巴人》是低级的、通俗的，《阳春》《白雪》是高级的、高雅的。有一次我读《对楚王问》，哎呀，我发现我常识问题弄错了，因为说有客到郢都（楚国都城）去，唱到《下里》《巴人》两个曲调的时候，属而和者，就是聚集在一起跟着唱的是数千人；唱到《阳春》《白雪》的时候，属而和者是数十人；唱到引商刻羽，杂以流徵，这些时候聚集在一起，属而和者只是数人而已。我才知道《阳春》《白雪》是次高级的，不是最高级的。最高级的是引商刻羽，杂以流徵。我们的民乐跟西乐不一样，西洋音乐是 7 个音阶，1234567，而民乐是 5 个音阶，宫商角徵羽。唱到引商刻羽，杂以流徵的时候，跟着才是数人，因此曲弥高和弥寡。对我来说，这是个常识问题，就是因为自己没有科学的严谨的态度，不是严谨治学，不去查，结果就会一直犯错误。以为这个就是高级的，其实它是次高级，不是真正最高的。

我想，我们从事基础教育的真是不能错。一错，小孩子有的时候就错一辈子，改不了。比如说我们现在经常讲媒体读错别字，我看多半是我们在基础教育那个时候就教错了。比如说"打猎"读成"打 là"，我估计就是教错了。"作祟"把它写成"崇"，写成"崇高"的"崇"，它上面是个出两个山。这个里头多半是基础教育当中错一点点，后来不精心，小孩子学习就错一辈子。为什么？因为基础教育教的是知识的核，原子核的核，是陪伴人的终生的。我力求不要教错学生，但是回过头来想一想，很难。这个不足、缺陷乃至错误是经常发生的，所以做一个老师要严谨治学，来不得半点马虎。

小孩子是先入为主，就好像照相机底片一样，开始影像打上去了，他就印象很深，以后要改变，要把它磨掉，要花很大的气力。所以我说要做老师，力求人格的完美，首先就是清醒地认识自己，用两把尺子来对待，学别人之长，量自己之短，不断地来增添自己的内驱动力。这是讲的第一点。

第二就是自我挑战。作为一个老师，要勇于自我挑战，我记得19世纪的教育家第斯多惠曾说："一个教育者，一名教师，一定要在自己的教育工作当中寻找到自身的最强烈的刺激。"也就是说你几十年下来，要你的教育教学勃勃有生机，一直有源头活水的话，那么你必须要找到自身的最强烈的刺激，而这个自身的最强烈的刺激就是自我教育。作为一名教师，别人的教育都是其次的，归根到底是内驱的动力。要说讲道理，教师是最会讲的，因为教育学生，要晓之以理、动之以情。但是任何一个道理说在嘴上、写在纸上，并不是真正的懂，身体力行真正做到了才叫真正的懂了。我想要寻求自身的最强烈的刺激，那就是教师的终身学习，教师终身的自我教育。为了实现这样一个目的，我有两根支柱：一根支柱是学而不厌，就是勤于学习。因为你要教学生，那你自己首先要学好，如果你不学好，你怎么教学生呢？一根支柱是勇于实践。实践出真知，教育学生可以讲很多道理，但它是理论。歌德讲过："生命之树是常青的，理论是灰白的。"因此任何教育理论只有变成教师的实践行动，变成孩子成长的营养的时候，你这个理论才是辉煌的。为此我就用这两根支柱勉励自己勤于学习、勇于实践。两根支柱的聚焦点是在反思上，不断地反思。自我教育做过一段时间你就回想一下，究竟效果怎么样。

勤于学习对老师来讲是非常重要的，但是也是老师最难做到的

学做人师，行为师范

191

事情。丹麦的童话家安徒生曾经讲过，求知是一条地球上的光荣的荆棘路，因为要求知的话，就会碰到很多障碍干扰，要披荆斩棘。教师一定要有丰富的智力生活。我记得苏联的教育家苏霍姆林斯基曾经讲过："一所学校的校长如果没有丰富的智力生活，那么这所学校的教师只能是抄袭模仿，当然就培养不出独立思考的现代人。"我想做老师也是一样，他必须要有丰富的智力生活，物质生活、金钱可以不富有，但是精神生活要非常富有。我的学科就是我的精神家园，我就要非常丰富。

我们丰富的精神生活从何而来？当然是学习。老师的工作很累，我有机会参加各种各样的评审，比如说高级职称的评审，模范教师的评审。为了教学论文，我往往会和大学的教授争论，我说，不到中小学不知道我们教育的辛苦。从早到晚，我带乱班乱年级，6点钟军训，我5点50分就要站在操场上。我们教师只凭一个以身作则，这就是我们的真本领。处处以身作则，以诚相待，没有别的什么本领。因此，学习是十分艰难的，没有时间，但是再艰难也要学习，学习了你才能发展。一个不能自我发展的教师他的空间就会越来越小，随着时代的前进会被淘汰。一个人不能发展，空间越来越小，所以我这一辈子再苦再累，也要拼命学习。拼命学习，重要的理论要反复学，不是说学什么大部头的书，但是有些重要的理论要反反复复研究。为什么？因为理论是有制高点的。作为一个老师，你站在平地上，你的视野是有限的，居高才能临下，高瞻才能远瞩，因为理论解决普遍问题，有理论你就有全局观点，你就有超前意识。教育是超前意识和滞后效应的统一体，没有超前意识，那么教育教学只能是亦步亦趋跟在人家后面。教师有超前意识，就会聪明起来，会思考得很深很远，这样在教育教学当中，才会有时代的气息，才会有突破。比如说，邓小平同志1983年在景山学校讲的我们教育的"三个面向"，我们每个人都耳熟能详，"面向现代化，面向世界，面向未来"。但是这里头内涵之丰富，绝非少数语言能够表达的。"面向现代化"，那就是告诉我们，现在在课堂上所培养的应是现代文明人。教在今天要想到明天，一定要以明日建设者的要求来指导今日的教育教学工作。我们培养现代文明人不完全是一个学历的问题，现在不是有种讲法，高学历的野蛮人嘛，学历是高的，文化底蕴是不行的。我们培养的是"四有"新人，因此这个地方就有很多问题值得你深入思考。你做班主任，你做学科教学，要将今日的文明人跟今日的世界联系起来思考。过去一个发明，一个创造，瓦特发明蒸汽机，可以推动工业革命，形成工业社会，而今日现代社会它是整个的知识结构向前推进，所以我们要全面发展，要跨学科，思考问题的广度、深度与过去不完全一样。

知识经济社会，我们面向未来，以比尔·盖茨为代表的美国的信息社会，跟过去工业社会就不一样。封建社会之争是土地之争、耕牛之争，工业社会它是能源之争、材料之争，而我们信息社会是什么，它是以知识的生产、交换、分配、使用和消费为特征的社会。知识是最重要的生产力，教育是生产知识的生产力。我们从50年代教课开始，到现在才明白教育是生产知识的生产力。过去没这个思想概念，不学怎么有呢？现在对知识很明确，大学要创造知识，知识就是生产力。过去知识变成生产力时间很长，一个照相机从原理的发明，到造出照相机变成生产力，一个多世纪，112年。到电动机的时候只要半个世纪，现在什么激光都快得不得了，太阳能一年两年，知识迅速转化为生产力。因此所有的国家都在重视教育，是战略地位。为什么？知识转化为生产力，迅速转化为生产力，所以你面向世界以后，会吸取到许许多多新的营养，你就感觉到自己重任在肩，有一种紧迫感，有一种危机感，你要国家强盛，就一定要千方百计地把学生教好，否则你怎么跟人家去拼呢？经济之争说到底就是科技之争，人才之争，要素质良好的人，出类拔萃的人，这样你就能够有内驱的动力登高望远。所以勤于学习，重要的理论反复学。面向未来，教育本身就是面向未来的事业。今日的学生质量如何，就是明日我们国家的国民素质。我们是为公民打基础的，所以不能只是看到一个分数。

前不久我讲了，我们的教育说到底本质是育人，现在我们有相当的程度是变形为育分。分数不代表人的水平，反映不了这个人的综合素质。如果说我们德智体全面发展，只重智育，现在实际上智育也没有得到全面重视，为什么？因为他并没有旺盛的求知欲。智育成功是孩子有旺盛的求知欲，而我们就是看到分数。如果我们只看到分数，舍弃了其他的东西，那么不是精神上的残缺吗？肉体上、生理上的残缺是没有办法，而我们在育人的时候，不能精神上残缺，要德智体全面发展。这是国民的素质的问题。我们为什么要搞课改？上海的二期课改，全国的第八次课改，归根到底就是构建符合素质教育的人的发展的体系，是重构我们民族素质的，让我们的孩子全面发展，让他们的潜能通过我们的教育变成发展的现实，所以重要的理论反复学了以后，你会心明眼亮，做工作就会有准绳。

其次，德才兼备。智慧要如潮水一样喷涌而出，泉水一样喷涌而出，就要紧扣教材深入学，因为现在教学很难，老师的教跟学生的学在一个平面上移动，学生是不服的。你一定要棋高一着，也就是说在深度上要挖掘，在广度上要开拓。你对学科发展的前沿，对学科的走势，对学科的来龙去脉要有所了解，教课捉襟见肘是没办法上好课的。那么怎样才能够左右逢源呢？那就是靠你宽广的文化底蕴，紧扣教材深入学。

我教这篇课文，数学教这个公式，前前后后周边的关系应该思考得比较清楚，大到学科的性质功能，小到一个句子一个词都应该深入地钻研。比如说我觉得每一次读书自己都是获得精神食粮，哪怕是一个句子，自己根本是想不到的，所以我说我是凡人，一个平常的人。我读到学贯中西的钱锺书的书，觉得他句句话都是宝贝。比如《宋诗选注》，他的注释就是学问，就是创作。有一次读到苏东坡的一句诗，写牡丹的，"一朵妖红翠欲流"。我怎么也看不懂，这红牡丹，妖红，流下来的是翠，是绿的，怎么"一朵妖红翠欲流"？钱锺书先生他怎么解释呢？他说诗里头的用词就好像用兵一样，可以虚虚实实，实实虚虚。红是实，翠绿是虚，那么虚虚实实，实实虚虚，红绿交错，红绿互映，造成一种幻觉。这种艺术的魅力就是文字特有的功能，它实际上比造型艺术的美还要成功多少倍。如果不读书的话，自己就无法理解到底是怎么回事，有的时候因为自己不懂还认为印错了，书上印错了，再去查。

我说小到一字一句，有的时候是学生对你的启发。比如说教《孔雀东南飞》，这个大家都知道的。因为我们乐府当中有两块美玉，历史学家范文澜先生讲过的，一块美玉是《孔雀东南飞》，是焦仲卿和刘兰芝的爱情悲剧；一块美玉是《木兰辞》，木兰替父从军。大家都知道《孔雀东南飞》这个悲剧是怎么造成的，是封建礼教压迫了刘兰芝，造成了爱情悲剧。但是我看到一个材料，是另外一种思路，他说是焦仲卿母亲的一种心理的病态。什么心理病态呢？恋子情结。这个母亲非常爱他的儿子，爱恋的恋，依恋的恋。现在媳妇来了，把她儿子夺走了，儿子跟媳妇很相爱，因此她的恋子情结得不到满足，一种病态心理。根据何在？就是弗洛伊德。弗洛伊德是搞心理学的，他有个观点是俄狄浦斯情结，而这个是恋子情结。学问如海洋啊，在这知识海洋里头，你只有学习，才能够到达彼岸，所以学为舟。

有的时候，学科的性质功能也是可以考虑的。比如说开始的时候，我认为语文就是工具，语言文字嘛。但是后来我逐渐地体会到，这个孩子作文写不好，往往不是语言文字的问题，而是他思想认识的问题。为什么能够写得精彩？他是思想认识行，观察得十分细致，有自己独特的见解。所以后来我就体会到，一定要锤炼思想、语言。带着这样的问题，我阅读了很多书，后来发现，语言文字本身就是文化。我们中国有神话传说"仓颉造字"。传说，仓颉造了字以后，人类社会进入文明，因此"天雨粟、鬼夜哭"，天都下小米了，鬼都哭了。本来人是愚昧的，有了文字以后能记载了，传承文化了，因此鬼都哭了。所以语言文字本身就是文化，是人所独有的。北大的哲学系教授讲，文字是人独有的，因此它一定有人文。我们在讲话的时候，词汇一定是跟思想情感共同发生的，于是我就换一个视角来读书。过去我们的语法大量的是结构主义，因此我换一个视角去读解构主义的。有一个解构主义的大师，就是70年代到复旦大学的德里达，他认为任何一个逻辑都有懈可击，不是无懈可击，因此他研究了解构主义。我就从另一个视角解构主义去看，我们的语文究竟应该怎样，于是我读了清华大学的文丛，它谈到一个新的视角——语言文化。所以你紧扣教材学习，从字词句篇一直到学科的性质功能。我在90年代提出来，语文学科的性质应该是工具性和人文性的统一。我不是胡说的，是读了很多书，经过自己实践体验之后得出的。你不可能去抽掉了人文讲工具，语文文字是表情达意，表和达是语言文字，情和意是人文内涵，两者是密不可分的统一体，不可能分开来。所以我说要紧扣教材深入学。

再次，拓开视野广泛学。作为一个老师，一定要拓开视野广泛学习。为什么？因为现在的社会，它的科学精神和人文精神有很多地方是可以交融的。教文科的老师应该学一点自然科学，教自然学科的老师应该学一点人文，因为这样可以打比较宽的底蕴。比如说个人爱好，我教语文，我过去的个人爱好，喜欢看怎样的小说呢，就是人物塑造非常精彩的。我一直记得高中读书的时候，读托尔斯泰的《战争与和平》，独眼将军库图佐夫打仗的情景，在我脑子里头是活灵活现的。因此对那种以情节取胜的，我就觉得低级。后来我觉得不行，作为一个老师，就必须要有所了解。其实情节是很重要的，比如说金庸小说，武打全是情节，武打的情节妙在哪里呢？反正就是你再大的本事后来总归有人来制服你的，不断地有超人的本事来制服你。你作为老师，你就样样要学。比如说，学生积极性没有调动起来之前，你可以自己去讲。调动起来，你不知道他会问什么问题。不知道他问什么问题，你就非学不可。

我上课经常有被学生将住的情况，有的时候问一些科学的问题，我真的是讲不清楚。我们学的时候是经典物理学，他问我爱因斯坦什么的我就讲不出来，这就逼得我再去学一学近代物理学。学了近代物理学我才知道晴空万里还有两朵乌云，这样就拉开了近代物理学的序幕，出现了大科学家爱因斯坦。当霍金一出来，我马上就买《时间简史》看，我看不懂的，完全看不懂。我买的一本，不怕大家笑话，是连环图的《时间简史》，也看不懂。它有图画，我还是看不懂。什么黑洞啦，什么乱七八糟的啦。后来开数学大会一个专家讲，不是数学博士是看不懂的。因此我很欣慰，我又不是数学博士，我是按常识去看的。但是最近霍金又否定了他自己的看法，经过研究，

学做人师，行为师范

197

他认为原来的理解又不对了。所以我觉得老师身上要有时代的年轮，一定要紧跟着时代前进，否则你就不知道。

为了教育孩子，我要去研究美术，因为有的时候学生会拿画来问你。我从《芥子园画谱》，一直看到西洋的画论，所以我家里书画谱很多，经常看看，读画。一次，学生拿一个四川的美术杂志给我看，上面画的是《父亲》，我一看很震惊，我们的农民祖祖辈辈就是这样，拿了一个破碗，是这样的一个形象。你要讲出它的好处来，好在什么地方，这是不容易的，那你必须去了解。

为了跟同学有共同语言，我要去研究流行歌曲。我不喜欢流行歌曲，但是流行歌曲有的是很好的，经过时间的考验，有的就变成经典了。《叫我如何不想她》，那现在不是经典了吗？又比如说，腾格尔唱他的家乡，哎呀，真是唱得死去活来，我总是被他感染。韩

于漪与学生交流

红唱《青藏高原》，那种高亢，对孩子来说，精神振奋，可培养他们这种激越的感情。周杰伦的歌，有的孩子非常迷啊，他们说别的流行歌曲好学，周杰伦的学不像。其实他有他的特点，我开始认为他跟普陀山的念经一样的。因为我不是内行，他是用西洋的乐曲，乃至摇滚乐，来填中国的语言。他是用中国文化来搞的，都是自己写的，孩子就很佩服他了。所以任何一样东西，我们都不能一概否定，一概枪毙，一概拒绝。要研究它好在什么地方，问题是什么，怎么来引导学生。什么叫流行歌曲，流行歌曲就是个性张扬，没有个性张扬就没有流行歌曲。

所以我觉得老师真的要学而不厌，要诲人不倦，没有学而不厌的本事，没有学识，无法教诲学生。要勤于学习，不断地丰富自己，有丰富的智力生活。当然学很困难，一丝而累以至于寸，累寸不已遂成丈匹，不是一下子我就变成一个学问家，这不可能。我只能一点一点地积累，使自己从无知到有知，从知之甚少到知之较多。勤于实践，就是不断地把课上好，做好班主任。我现在想想我跟我们这所学校是结下不解之缘的，这里头最乱的班级，最乱的年级，最后一个最乱的学校，都是跟我结下了不解之缘。正由于有这样的锻炼，各个层面的学生我都接触过。跟各个层面的学生怎样进行交流，突破口在哪里，切入口是什么，应该跟他讲些什么话，交流些什么，实践多了，就比较轻松了。

实践出真知，我觉得做了那么多年班主任、年级组长，最大的收获就是锤炼了感情，深化了思想。每个孩子都是非常可爱的，即使是缺点很多的，智力一般的孩子，都有优点。因此我形成了一个认识，就是作为一个老师，要锻炼出一副敏锐的目光。用这个目光干什么，就是拼命地找到学生身上的优点，他的长处，就是他的生长点。因为教师不能代替学生成长，所有的教育都是长善救失，就是发扬他的优点，克服他的不足、缺点，乃至行为偏差。因此要拼命地把他的长处、优点、特色找出来。你把这个培育大了，才能让他茁壮成长，不断地克服不足。

我觉得做班主任真是没日没夜，天天晚上不回家吃饭，进行家访。行为偏差的学生不会一下子就好，家访不下几十次。有的家长跟我说，儿子抽香烟，打架，他不要了，送给我。我说我要你儿子干什么，你从小把他宠得这个样子，现在不要读书，逃学、打架、抽烟。我说你的儿子，我的学生，大家结合起来培养，只能是这样。你一定要依靠家长的力量，结合起来培养。一次两次十次八次几十次啊，后来这个孩子变好了，骑着摩托车来看我，得意扬扬的样子。我看他改好了，当然也很高兴。这对我来说，就是最高的奖赏。什么叫教育？持之以恒。什么叫教育？一句话就好了？就听啦？水磨的功夫。改正一个孩子的缺点，真正叫水滴石穿，没有多少次的反复你想改变过来，哪有那么简单啊！

在实践中锻炼，真是净化自己的感情。我可以背着孩子走十几里路，从农村大队到镇上去看病，凭什么？对孩子的热爱。家长将孩子交给你，对你是100%的放心，孩子生病了，40度，农村缺医少药，我就跟一个同学轮流着背，到镇上去看病。我刚刚做完大手术，背得两眼发黑，冬天的棉毛衫都湿透了，但是孩子得救了。所以人是有韧劲的，是有毅力的，能够超越自己的。教学也是一样，我刚才讲，教了一辈子的遗憾的课，反思一下，真是问题很多。我总是感觉到对学生有歉意，我还可以教得更好一些，但是我当时只有那个认识水平，没有更高的认识水平。我曾经教过一个高中的孩子，我真是对他一辈子觉得遗憾。教课的时候，拿他作文举例，变成全班的笑话。他为了刻意求工，写一个老头子时，讲这个老头白胡子很多，就像牡丹花一样。这个比喻虽然是不恰当的，但我怎么可以在全班去讲呢？对孩子从来要隐恶扬善，缺点应个别指出的，所以我一般都不点名。这个学生现在是律师，他后来跟我讲，如果当时有地洞的话，他一定要钻进去。可当时我没有这个认识水平，我认为我是在负责地讲，不要用错了比喻。因为你面对的是孩子，每个孩子都是有自尊心的，所以我觉得这是我一辈子的遗憾。又比如说我教作文，每一次根据教学要求印一些作文，印比较好的，也有问题比较典型的。有一个学生他现在教语文，高中的语文，他有次跟我讲，他多想我给他印一次作文。我只能跟他说我没有做到，真是终身遗憾，抱歉了。我只想到教学的任务，没有想到每个孩子的心情。我只想到一些个性突出的，或者是比较好的，或者是问题比较典型的。没想到孩子把这件事情看得很重，我如果印了他的作文，加以讲评的话，确实对他是一辈子的鼓励，终生难忘。所以我说，我真是教了一辈子遗憾的课。我当时只有这样一个认识水平，我认为是尽力了。今天回过头来看，尽管我写了很多书，大概539万字发表了，都是教育教学经验，但问题真的是很多，非常幼稚，很不全面。所以我说，要不断地自我挑战，自我挑战就是不断地上台阶；不断地上台阶，你就有内驱的动力。

最后讲一点，就是自我超越。一个教师，最大的敌人就是自己。所有的人都是这样，都输在自己的缺点上，就好像我们奥林匹克比赛一样，有的时候没有很好地发挥水平，心态不好，很紧张，或者是求金牌太心切。而几乎是很放松的，不是希望一定要得金牌的，却得到了。他以平常心来对待，老师也是这样。我觉得我们那时候没有像现在那么多的功利目标，要成为名师、名校、名什么的，我们没有，因为那个时候非常简单，什么荣誉都没有，对女老师来讲最高的荣誉就是"三八"红旗手了。那个时候非常简单，领导交给你的任务，组织上交给你的任务，你要全心全意完成。为什么？为了学生，就那么简单。我记得东视给我拍50周年专题片的时候，导演调查了很多学生，调阅了很多档案，最后问我，你当时怎么想的？我说我没有什么豪言壮语，就是领导交给我的任务，我要做好，我要对学生负责，就是那么简单。对学生负责，因为他只有一次青春，青春是无价宝，耽误了没有第二次青春，就那么简单。

作为一个老师，我觉得非常重要的就是要敢于超越自己。比如说我的最伟大的理想，就是做一个合格的优秀的基础教育的教师。但是这是一个很大的目标，我要达到这个目标，路要一步一步走，一步一陟一回顾。中国诗里头就讲了，"欲穷千里目，更上一层楼"，一个台阶一个台阶上。

作为青年教师，5年下来了，教育教学基本上有点知道了，这个时候是关键，要突破。不突破往往就是这个样子，走上不去。有的评了高级教师，就出现了高原现象，怎么来突破这个高原再上一层。所以我就想到，要不断地给自己提目标超越自己。比如说我改行教语文的时候，我有8个字的小目标，就是"胸中有书，目中有人"。因为我们老组长讲，语文教学的大门在哪里你还不知道，那么我当然要胸中有书啦。我把书背得烂熟，如出自己之心，如出自己之口，这书就是我写的，这个作家就是我，因此来龙去脉一清二楚，我上课就不要拿教案。拿着教案上课是上不好课的，怎么上得好课？我们那个时候没有教学参考书，现在看来，对教师的培养非常好。你非自力更生，独立钻研不可。开学了，教务主任一本教科书发给你，其他没有。教研组里有一两本教学大纲，你就按着这个教学大纲去考虑，所以一定要独立钻研，胸中有书。

　　备课是很苦的，常常要准备 10 个钟头、20 个钟头，像备到鲁迅作品《论"费厄泼赖"应该缓行》，真是 30 个钟头这样备下去。一定要把作品中的事件，当时年代的情况，作品本身是怎样，读者学生是怎样，这 4 个维度搞清楚，否则你自己不能自圆其说。这 4 个维度搞清楚了，你才有发言权。

　　要研究学生，因为开始自己做教师的时候，不研究学生，我认为我讲清楚了，学生就清楚了，最后发现是两回事，你讲得再清楚，也不会百分之百的学生都接受。学习是靠自己，内驱的动力自主性。数学教得再好的老师，全班同学也不会每个都是 100 分，仍然是参差不齐的。因为学生世界不一样，他有他的知识世界，水平不一样，他有他的生活世界，他有他的心灵世界。因此你只有走进学生的世界，你才能够跟他对话，才能够以心交心。所以当时我就追求课不要教在课堂上，教在课堂上的课随着你声波的消失就销声匿迹了，课要教在学生身上，教到学生心中，成为他素质的一个部分。这谈何容易？每堂课，你都要有精彩之笔，就好像一部电影，一个电视节目，一定要有精彩之笔，才能在学生心中留下深刻的印象。我和我们的青年教师讲，堂堂课在学生中留下深刻印象是不可能的，如果说一学期有 10 节课，在孩子的心中留下痕迹，成为他的幼功，那就了不起了。幼功就是一辈子用得着的，犹如手脚在自己身上。所以课要教在学生身上，教到学生心中。

　　我基本上做到学生喜欢这个课，于是我有了第二个台阶，这都是学生对我的教育。有一次，我跟学生一起听报告，从大礼堂出来以后，我说今天这个报告很好，一个男孩子跟我讲，好什么呀，他讲了 157 个"这个"，说着拿练习本给我看，一个一个正字，他根本

于漪与青年教师探讨交流

就没听报告。哎呀，我就反思了，我上课有没有语病。我如果语病很多，他也不好好听课，就给我统计。我发现，我也有语病，我的语病是"喏"，脑子转不过来就来个"喏"。还有脑子转不过来时就来个"但是"，根本不要"但是"，不要转折。我就用以死求活的办法来改，年轻啊，精力旺盛啊。开始的时候我把教课的每一句话都写出来，像写作文，实际上也是锻炼自己写的能力，然后根据鲁迅先生讲的，把可有可无的字词句划掉，不符合逻辑的地方划掉，我再背出来，再口语化。我当时住复旦宿舍，每天要走一刻钟才能乘上55路公共汽车。这一刻钟我的脑子都在过电影，今天这个课怎么上，开头怎么引入，以知识来激发学生的兴趣，然后怎么展开，怎么发展，怎么掀起高潮，然后怎么结尾，要余音缭绕，让他下次还要喜欢。所以张志公先生说，于漪上课上得着魔了。我上课上到什么程度，天天乘公共汽车，经常是过站的，哎呀，忘掉了，因为脑子里在想别的事情。我给自己定了一个目标，你既然是教语文，应该是"出口成章，下笔成文"，所以我就考虑在讲话的时候，脑子里有个提纲，然后再展开。

写文章也是如此，做班主任，搞政教的老师对我们年轻人很严格，要求对每个孩子的评语都要写一页半练习纸。这一页半学生的评语是不大好写的，两头很好写，当中的都差不多，但你要写出每个孩子的个性。我现在想一想，真是对我们的培养。

你怎么了解孩子？你去家访，你和家长谈心，和他谈心。她要求，年纪很大的一个老太太，共产党员，你非得一个人一个样，这个就是对我的培养。教学上也是，计划啊，总结啊，这都是锻炼写啊。我想要学生写，自己不会写怎么行呢？你自己有写的体会，才能够指导到点子上，指导得具体。所以我追求的第二个台阶就是"出口成章，下笔成文"。

老师的教学语言必须要有文化含量，必须要有知识分子的气质，不是大白话，不是超市里的语言，也不是小菜场的语言。你的词汇很丰富，孩子就学到了。你锻炼孩子学习教科书里规范的书面语言，你自己的语言是生动的，流畅的，词汇很丰富，课堂教学效率就提高一倍。因此孩子的作文当中经常有你教师的语言，在无形熏陶感染中，孩子就接受了你的语言。这个我基本上做到了，那么我就再考虑，孩子现在学得太苦了，数理化一天到晚要逻辑思维，我这教语文的能不能来点艺术享受。所以我就考虑课堂教学的节奏和容量，如果说课堂45分钟都是倾盆大雨，这孩子都要累死了，孩子他会自我休息的。我想象我们唱歌还有休止符号，中国画还有留白，因此你这个课堂里要有张有弛，有疏有密，有起有伏。为此我在80年代初就专门研究这个问题，这也是学生的学习实际给我的教育。然后我体会到，如果我这堂课写下来就是师生共同创作的一篇优美的散文，这我就成功了。因为爱因斯坦讲过，人家问他，什么叫相对论？他说如果说坐在一个老太婆旁边的话，这个时间就太长了，如果坐在一个美貌女子旁边的话，时间就很短，这是相对的。我们教课也是一样，45分钟对每一位老师来讲，它是公平的，但是课堂的教学效率是不一样的。如果两节课上下来，学生欢呼，哎呀，怎么那么快呀，我这一天就是沉浸在欢乐的海洋当中，简直开心死了。如果学生觉得，怎么还不下课，还不下课，这倒霉了，绝对是课上得不好。我追求的是学生学有所得，学得快乐。我上了很多公开课，计算了一下近两千节课。非常紧张，就是你刚才讲的，太累了，简直累死了。但是，在同行的监督之下，我不敢有丝毫的懈怠。所以有同志讲，听于漪的课，好像是艺术享受。其实不是的，我是花了很多非艺术的功夫来备课，来考虑一个一个教学环节的处理。课要上得好，功夫在课外。京戏里头，舞台上多翻一个跟头，舞台下面不知道要多翻多少个跟头，这与陆游跟他的小辈讲的"汝果欲学诗，工夫在诗外"情况一样。

这样一个情况，学生很喜欢这个学科，我又考虑，就是我们的课，如果老是教师讲，学生听，学生问，教师答，那么这只是一个线性活动。线性世界是19世纪20年代强调的，而我们现在考虑问题，是多边的、多维的、立体的，因此教育的线性状况非改不可。我想语文教学只是知识传授，只是能力训练，那是不够的，它有个综合素养的问题，所以我在80年代中期专门研究课堂教学结构，课堂教学结构用现在的话来讲就是师生互动，就是教师的教应该是辐射到每个学生身上，而学生的学反馈到教师身上，学生跟学生又是互动的复杂的对话。80年代研究的课堂教学结构，是从单向型的直线往复转换成为辐射型的，转换成为网络型的，这样就把每个孩子组织到学习的情景之中。我很高兴，这一次的课改，语文课的功能，基本上是这样一个模式的。而且我提出来，其实所有的学科教学，都应该是多元结合的，都是以智育为核心，比如我教语文，当然教语言文字，不教语言文字是错的，这不叫语文了，那是政治课了。数学，以数学这个智育为核心，融合了育人的功能，融合了审美的

大先生 于漪

功能，因此它是多功能的。记得 80 年代，我到哈尔滨去参加全国语法教学工作会议，哈尔滨的教委知道我去了，要我晚上做一个报告。我说学科的教学应该是多功能的，比如说语文，它有智育的功能，训练的功能，实用的功能，但是它也有教育的功能、有审美的功能。这是我教学的过程中体会到的，你在教语言文字的时候，很多做人的道理就随着语言文字渗透到学生心中了，就是你既撒播知识的种子，也撒播做人的良种，你教《岳阳楼记》的时候，"先天下之忧而忧，后天下之乐而乐"的忧乐观；你教文天祥的诗的时候，"人生自古谁无死，留取丹心照汗青"，生死观就下去了。这些例子是举不胜举的，只是我们自己自觉不自觉而已。

教书是为了育人，育人是大目标，因此它是多功能的。所以我就研究课堂教学的功能、学科的功能。我快要退休时，想到一个问题。我比较强调的是师风可学和完善自己的人格，教师身上要有凛然正气。为什么？因为社会不是真空，它总是有真善美和假恶丑的，作为教师，他代表着最先进的文化，是做人的模范，做人的榜样。因此他追求真善美，抵御假恶丑。世界上教育古今中外莫不如此。人师，要师风可学，对假恶丑的东西应该是抵制的。因为现在强势文化的入侵太厉害了，我们的思想浅薄化，文化市井化，金钱至上，个人主义，垃圾文化，腐朽文化，黄色文化，凶杀文化，对我们没有生活经验的未成年人是极大的威胁，我们老师要坚守这一阵地，育人的阵地。我在二师做校长的时候，曾经提出来，你大的环境再怎样，我小气候一定要好。学校要有小气候，因为你代表社会最主流的、最健康的、最向上的、最先进的文化，因此身上要有凛然正气。

师风可学，要做到师风可学必须是学风可师。做一辈子的老师，一辈子学做老师。我们老师比较注意师风可学，但是对我们青年同志来讲，我觉得学风可师是非常重要的。要做一辈子老师，一辈子学做老师，完善人格，提升思想，提升境界，锤炼感情，你的学风也是学生的榜样。我想这样的话，就能够完成国家人民交给我们的光荣艰巨的任务。夸美纽斯讲过，教师是太阳底下最光辉的事业。我体会到，不仅是太阳底下最光辉的事业，而且是太阳底下永恒的事业。没有教育，社会是一片黑暗；没有教育，就出不了人才。因此教育事业是永恒的事业，我们的教师育人也是永恒的事业。让自己的学生，踏着自己的肩膀，一步一步地攀登做人的高峰，我觉得此生有幸。主持人问我，有的人说，如果再选择就不选择教师了，我说我是无怨无悔，我选择了教师，我就选择了高尚。我选择了教师，因此我就一辈子和年轻人、年轻的学生在一起。我学习政治，学习业务，学习做人的道理，学习文化知识，使我逐步脱离了低级趣味，逐步追求人生的理想，有了自己的精神家园。我的一辈子是与肩负着的历史使命结伴同行的。如果下一辈子还叫我选择职业，我仍然选择教育这多情的土地，选择我们可爱的学生，选择这永远光辉灿烂、青枝绿叶的教育事业。

21 世纪初，市语文名师培养基地于漪基地全家福

陶行知研究会大型活动，与宝山区陶研会负责老师共同瞻仰陶行知先生像

2009 年在上海市杰出女教师表彰会上与学生李莉同台受表彰

2011 年从教
60 周年，学校四
代语文教师共同
的节日

2006 年与孙女拜
谒茅盾故居

人类生生不息，有了
第三代的快乐

报告后，教师
争相签名合影

2018 年 7 月，在上海教
育出版社开会

亦师亦友的学
员 30 余年情意深
重，约好为于漪
80 岁生日祝寿

于漪的讲座和报告离不开语文教学和教育改革

于漪所获证书

附录

春满园

上海市第二师范
连续四十周年
黄若舟祝贺

上海市杨浦高级中学名誉校长于漪

——"让生命与使命同行"

2021年9月8日下午，上海浦东新区竹园小学，92岁的于漪腰背笔挺、声音洪亮，她在为浦东新区基础教育工作者讲课，一讲就是45分钟……

躬耕教学事业70载，她这样理解当老师："教师一个肩膀挑着学生的现在，一个肩膀挑着国家的未来。我22岁大学毕业出来做教师，至今不敢有丝毫懈怠。"

于漪，我国语文特级教师、全国教书育人楷模、"改革先锋"、"人民教育家"、"最美奋斗者"。面对赞誉，她说："我只是克勤克俭做了一些工作，说到底就是坚守了一个新中国教师的本分。"

"每天早上走一刻钟的路，我就在脑子里'过电影'"

1951年，于漪毕业于复旦大学教育系，最初教历史，后来转岗教语文。开始的语文课并不成功。听于漪讲罢课文《普通劳动者》，坐在后排听课的组长徐老师有些失望："你虽然在教学上有许多优点，不过语文教学的大门在哪里，你还不知道呢。"

于漪的讲座和报告离不开语文教学和教育改革

"b、p、m、f不认识，汉语语法没学过"，语文教学的大门在哪里？于漪不服输，"那时候，我每晚9点前工作，9点后学习，两三年下来，把中学语文教师该具备的语法、修辞、逻辑知识，该具备的文、史、哲知识，该了解的中外名家名著过了一遍。"

为了摸索教学的门道，于漪常站在窗户外"偷师"别的老师。"我开始尝到庖丁解牛的滋味"，备课时，她把要说的每句话都写下来，然后像改作文一样修改，之后再背下来、口语化。"每天早上走一刻钟的路，我就在脑子里'过电影'，这堂课怎么开头、怎么铺展开来、怎样形成高潮、怎样结尾。"从宿舍到学校的路上，于漪不知多少次边走边琢磨。

靠下苦功夫，"不入门"的于漪成为行家里手。1977年，电视里直播了一堂于漪执教的语文课《海燕》，人们争睹她上课的风采，成为一时热议话题。也是那一年，于漪带教的两个原本底子薄弱的毕业班，创造了整班考取大学的成绩。

"我不断地反思，一辈子上的课有多少是教到学生心中的"

1985 年，于漪被任命为上海市第二师范学校校长。那时，老师们出勤稀稀拉拉，有的学生涂脂抹粉，赌博、酗酒也时有发生……师范学校，培养的是未来的老师啊！于漪大刀阔斧，实施了一系列在当时十分引人注目的举措：教师实行坐班制，学生剪长发、穿校服，全校开展"什么是当代师范生真正的美"专题讨论。

"那时穿校服是件新鲜事，女生们都很抵触。于校长知道后，就鼓励我们学生参与设计、决策校服款式。"上海市杨浦区教育工作党委副书记、教育局局长卜健笑着回忆。

教师、师范生"两代师表一起抓"！学校风气渐渐变了，"一身正气，为人师表"成为全校共识。后来，上海市第二师范学校一跃成为上海乃至全国的龙头学校。

"我不断地反思，一辈子上的课有多少是教到学生心中的。"于漪一字一句地说。这些年来，作为班主任，她将"差班乱班"带成了先进集体；作为校长，她使名不见经传的学校成为全国先进；作为导师，她培养了一批全国知名的教学能手。

"我甘愿做一块铺路石，让中青年老师'踏'过去"

"教育质量说到底是教师质量。再忙再累，不能忘记自身的修为。"今年教师节前夕，面对台下的年轻教师，于漪谆谆善诱。这位鲐背之年的老人讲课全程脱稿、思路清晰，工作人员放在她背后的靠垫完全没派上用场。

不但给学生当老师，自上世纪 80 年代开始，于漪就给老师当老师。"我甘愿做一块铺路石，让中青年老师'踏'过去。"于漪首创了师徒"带教"方法——师傅带徒弟、教研组集体培养、组长负责制，通过研学一体化促进教师成长。

做"大先生"！于漪总是这样勉励年轻的老师们："什么是教师？教师就是给学生点亮人生明灯的，自己首先要心中有太阳，努力成为一个大写的人。"她这样理解"大"："中国人造字妙不可言。'大'就是一个人张开双臂拥抱祖国、拥抱人民、拥抱世界，做'大先生'就要有这样的气派、这样的格局。"

于漪有一句名言："让生命与使命同行。"累吗？于漪说："当我把生命和国家命运、人民幸福联系在一起时，我就觉得我永远是有力量的，仍然跟年轻人一样有壮志豪情！"

2021 年 9 月 15 日发表于《人民日报》

于漪：培根铸魂　从教70年
培养三代特级教师

93岁的于漪是无数中国教师心中的偶像。从教70年，开设了近2000节公开课、培养了三代特级教师、写下了400多万字的论文专著。3年前，她获得"人民教育家"这一共和国首次颁发的国家荣誉称号。《面对面》推出《共和国功勋人物》，在上海专访了于漪。

"一切为民族"

于漪出生在江苏镇江，1937年，日本侵略者长驱直入时，她就读的小学被迫解散。在最后一节音乐课上，年轻的老师教孩子们唱的是《苏武牧羊》。

于漪：老师教一句我们就唱一句，结果教着教着这个老师就非常激动，激动了以后他就流泪了，他说明天学校就关门了，我们一定要打回来，当时我们小孩子，没有听到过那种大字眼，但是老师这种激情，这种流泪，让我们幼小的心灵一下子懂事了。

记者：很多时候，我们只有在这种过程里面，幼小的心灵对于国家才会有概念。

于漪：什么叫家破人亡，不是4个字写在纸上，说在嘴上，那种苦难，那种人民遭受的灾难是刻骨铭心，永世不忘。所以一定要

中年时期的于漪

学历史，我们这种受屈辱的历史是不能够忘记的。

　　经历了逃难之后，于漪辗转考到了镇江中学，这所学校的校训是"一切为民族"，在这里，国文老师教授《陈情表》中"茕茕孑立"一词时，给她留下终生难忘的记忆。

　　于漪：他说注意这个字读"茕"，大家要看清楚，这个下面不是一撇，是一竖，笔直，笔直。他在黑板上就写了一个大字"茕"，笔直，笔直，记得再穷脊梁骨也要硬，他教的是字形字音，给我们播撒的是做人道理。我们今天讲上课要有德育，这不就是德育吗？

　　记者：这一个竖就说明了一切？

于漪：笔直，笔直，他做个样子给我们。学校的校训"一切为民族"，这五个大字就成为我血液里头最最重要的东西。基础教育是给人从事基本建设的，基础这个根要打得正，扎得深，它就不会被风吹雨打歪掉。如果从小根不正不深就不行了，基础不牢，地动山摇。每个孩子都是国家的宝贝，家长的宝贝，你要把每一个孩子教好。有很多人问我，你为什么一辈子要在基础教育？我说我自己深受优质基础教育的培养，师恩难忘。要把这些传承下来，要发展，要创新。

18 岁那年，于漪考入复旦大学。免学费、免生活费的教育系对于漪来说，是最经济的选择，更是源于内心早就播下的种子。

培根铸魂

1951 年，大学毕业后的于漪成为原上海第二师范学校的一名历史老师。8 年后，因为工作需要，她从历史转行教语文。为了成为不耽误孩子的语文老师，于漪每天晚上 9 点以前工作，9 点以后学习，两三年下来，她把中学语文教师该具备的语法、修辞、逻辑知识，该具备的文、史、哲知识，该了解的中外名家名著过了一遍。她给自己立下规矩，不抄教学参考书，不吃别人嚼过的馍。1986 年，著名语言学家张志公阅读于漪的手稿《学海探珠》时，曾拍案赞叹："于漪教书简直教得着魔了！"

于漪对学生的爱也是持久而强大的。她常说，师爱超越亲子之爱，学生就是我的天下。在于漪的教育生涯中，她带过许多"乱班乱年级"，也重点关注过家长搞不定、想要放弃的孩子。

于漪：教师第一本领要看出孩子身上优点，你不能代替他成长，一定是靠他自己。比如说有一个孩子叫蒋志萍，他爸爸是很好的一个企业干部，宠得不得了，然后这个小孩皮得要死，打架、逃课、欺负同学。没有办法了，父亲要把他赶走。跟我讲我不要这个儿子，于老师我送给你。我说我要你儿子干什么？现在管不住了你要把他赶走，我就要缓和，我把他带到家里。我把他带回来跟他爸爸讲，我说我们两个人都要共同来教育他，他本质并不坏。那个时候喜欢装半导体，我就根据他这个爱好买半导体，弄到家里来帮他装。他就等于我的孩子一样，跟我一起上班，再回来。那个时候大家经济都比较紧张，有点好吃的，买荤菜都要给他吃，都是将心比心的。

记者：您带这个孩子多久？

于漪：住了大概个把月，慢慢好了，跟他父亲的关系就好了。

记者：您是把他当自己孩子在养？

于漪：一定，都是自己的后代，国家的后代不都是你自己的后代吗？

因为把尊重孩子、爱孩子作为自己的信条，于漪总能找到让孩子爱上语文、爱上学习的方法。

于漪：我可以让对语文恨得要死的人，最后很喜欢。他数学比较好，但是语文一塌糊涂，错别字连篇。我就发现他有个兴趣，一天到晚裤脚管卷在膝盖上面，脚上经常都是泥，干什么？捉鱼捉虾。我说这样，我办公室里有个脸盆，你把捉的鱼虾养到我这里来，你每天来看它。我其实是要培养他的观察力，培养他的耐心，结果他写了一篇文章，我真的写不出来，写得生动。他写乌龟跟龙虾打架，这个龙虾是怎么样先把腰弯起来，然后再战。因为他看得仔细，那么我就把他找到办公室来，和他一起改，这个字错了，那个字错了。

他不好意思，于老师我错的字那么多。我说不要紧，慢慢你就会改正。我讲评的时候印了几篇文章，他的是其中一篇，讲给他们听，我说好在什么地方，就是因为仔细观察，你要写出东西来，你一定要培养自己的观察能力。学生都很惊讶，晓得他语文从来不及格。

记者：这给他多少信心啊。

于漪：后来我每个星期六下午，如果不开会，一定带他们去博物馆。有一次我带他们去看灯展，结果他说于老师我看得还不够，我星期天再来看好吧，我说好的。兴趣来了，确实靠他自己，他有这样主动性积极性，本来是一个好一个差，慢慢就上来了。

1978 年，工作突出的于漪被评为全国首批特级教师。20 世纪 80 年代中期，于漪被任命为上海市第二师范学校的校长。

记者：您从教师转到做校长，这中间区别大吗？

于漪：从工作上来讲范围更大一点，但是很多问题我都思考过。比如说劳动教育，我学校一百二十几亩地没有一个清洁工，全是老师跟学生自己。为什么？只有自己付出劳动建设美好的校园，他才知道你的劳动价值。因为我培养的师范生将来都要去做教师，如果身体很懒，没有劳动习惯，怎么培养孩子？

记者：您怎么考核他们？

于漪：我的考核都很简单，反正有二十几个班去轮，总归是二十几天里头有一天是不上课的，负责全校劳动，检查，到各个岗位。

记者：会不会有人说您特别严厉或者说管得太多了，会吗？

于漪：我是制度管人，我只讲道理，所有制度是思想先行，比如说我的住所全是自己打扫，鞋子一条线，热水瓶一条线，毛巾一条线，随时都是开放的，都可以检查，我不是做给人家看，我要孩子养成自己管理自己的能力。比如说倒饭，我一看这泔水缸，不得了。我很简单，食堂里拿个脸盆，我把泔水缸里头馒头这些捞出来，再一个一个教室地去讲，我们不是培养大少爷，大小姐。你们小学一年级就学了"谁知盘中餐，粒粒皆辛苦"，怎么倒了？我们西部中部那么穷，你怎么忍心倒了。

记者：您是校长，您就一个班一个班去讲。

于漪：孩子很感动，然后制度保证，女孩子二两饭吃不下，你买一两半，你可以灵活。管理育人，主要是育人，育人是水磨的功夫，不是做个报告就行的，平时要有规矩。

焕发新颜的上海市第二师范学校吸引了来自上海各区县优秀的初中生报考，为上海的基础教育培养了大批人才。20 世纪 90 年代初，于漪撰文《弘扬人文 改革弊端》，提出"工具性与人文性的统一是语文学科的基本特点"。这个观点被 21 世纪语文课程改革的课程标准所采用，深刻改变了我国语文教学的模式。

"大先生"于漪

在高负荷工作的几十年里，胃溃疡、肝炎、心脏病，都曾"光顾"过于漪，但她始终站在基础教育的第一线。退休后，她逐字逐句审阅了从小学到高中 12 个年级的上海语文教材和教参。她曾经腰椎骨折，不得不卧床 3 个多月，但只要能坐起来，她就回到学校指导课题和论文，走进课堂听课评课。

记者：您平常是睡在这个房间，这么简朴的床，真的很简单。

于漪：我们都是非常简单地生活。

于漪与学生在一起

记者：屋子摆设也都是很简单。

于漪：都是非常简单，这是书法家杨永健写的，滋兰树蕙。实际上就是要把我们学生都要教好，实际上都是成长、成人、成才。

记者：您一辈子将近70年从教经历，就是在做滋兰树蕙的事情。

于漪：实际上也就是做到滋兰，因为为国家为老百姓真的滋兰树蕙，是一种幸福，真的是幸福，觉得非常有意义。一看孩子成长了就快乐得不得了，苦跟乐是连在一起的，你没有那个辛苦，你就不能够尝到由衷的快乐。

现在，于漪虽然已经93岁了，但是，每天她还会坐在小桌前，写下自己对中国教育的看法和建议。在于漪看来，教育从来就不是结果，而是生命展开的过程。而对于她自己，就像钉在三尺讲台上的一柱红烛，那些许微光，在无限地延伸。

记者：您青年时期曾经读闻一多先生的散文，就很喜欢他的这篇《红烛》。

于漪：因为我在想做老师本身，主要就是为别人来建立平台，因为你的价值是在学生身上体现的，你的生命是在学生身上延续的，让他成长那是一种非常快乐的事情。

记者：您让我想到老师这个职业也是这样的。

于漪：你把学生培养出来，这就是你追求的生命价值，我们就是要有这种胸怀，所以我说老师不仅是技能技巧，确实要有宽广的胸怀。

记者：大先生。

于漪：是大爱，所以我说责任大如天。

2022 年 10 月接受中央电视台《面对面》节目专访

"人民教育家"于漪

9月29日上午，北京人民大会堂金色大厅，气氛热烈庄重。中华人民共和国国家勋章和国家荣誉称号颁授仪式在这里隆重举行。

在雄壮激昂的《向祖国致敬》乐曲声中，中共中央总书记、国家主席、中央军委主席习近平亲自给上海市杨浦高级中学名誉校长于漪佩戴上金色的"人民教育家"奖章。

这是共和国首次颁发"人民教育家"这一国家荣誉称号，于漪作为基础教育界的唯一代表获此殊荣。她的教育事迹和贡献必将永远写在共和国史册上！

一、信仰

　　中华民族艰苦奋斗的精神和深厚灿烂的文化使我激动不已，我常为自己是中华民族的一员而感到自豪和骄傲，更始终意识到自己重任在肩，要终身进取，做一名"合格"的教师。

——于漪

"树中华教师魂，立民族教育根"，是她教育生命的原动力

于漪从教近70年，从一名普通教师成长为共和国的"人民教育

80 年代后期，应邀赴珠海讲学留影

家"，最重要的动力何在？

高度自觉的使命与信仰！

自打从教那天起，于漪就有明确的使命追求。母校江苏省镇江中学的校训"一切为民族"伴随她终身。"求学为什么？从愚昧走向文明，就要立志为解救苦难的民族于水深火热之中……"当年老师激昂的话语引导着于漪的人生追求。"'一切为民族'这五个大字掷地铿锵，镌刻在我心中，成为我铸造师魂的基因。"

她念兹在兹的是民族复兴、国家富强。"过去，正是我们民族的奋斗精神与无数先贤的奉献牺牲，才有中国人民站起来的新中国；

今天，祖国的繁荣和民族的振兴依然需要我们每一个人全身心地投入与付出。作为中华儿女，我深感自己肩负的历史责任，天下兴亡，匹夫有责。"

她说，"树中华教师魂，立民族教育根"是自己终生奋斗的目标、始终不变的精神追求。"我一个肩膀挑着学生的现在，一个肩膀挑着国家的未来。""我的理想是做一名合格的教师。所谓合格，就是不负祖国的期望、人民的嘱托。"

崇高的信仰，推动着于漪一步一步攀登上教育的"珠穆朗玛"。

生活是信仰的重要源泉。生于 1929 年的于漪，早年饱受艰辛。"国家被侵略，遭灾难，普通老百姓家同样遭殃，受罪，童年快乐美好的生活被炮火打得烟消云散。社会现实的教育历历在目，难以忘怀。"爱党爱国，为民族振兴而不懈奋斗，早已成为他们的精神基因。

炮火连天中，于漪辗转求学：先是以优异成绩考入江苏教育学院附属师范学校；一年后因学校调整，再考入省立淮安中学；读了一个学期，淮安中学搬迁，又考入刚刚复校的镇江中学。

初中教国文的黄老师，每堂课都全身心投入，走进教材与文中的人同悲同喜，身历其境，自己感动，然后再向学生放射文字波、情感波。他的课堂深深感动了于漪。

高中数学毛老师，不但教给了于漪严密的逻辑思维，而且教会了她严谨的做人道理。一次数学期中考，同桌的女同学要于漪帮帮忙，免得再不及格。同学之间讲义气，考试时于漪把一道题的解法写在纸条上递给她时，被毛老师发现了，他一把抓走了纸条。试卷发下来，她俩都是零分。"谁知毛老师还不罢休，把我找去说了一顿。有几句至今我还记得：'你这是帮助同学吗？歪门邪道。她有困难，不懂，你可以跟她一起学，讲给她听，还可以来问我。用这种投机取巧不诚实的方法，不是帮她，是害她。你好好想想。'离开办公室时，他又加了一句：'学习和做人一样，老老实实，懂吗？'"这件事于漪刻骨铭心，"从此，我做任何事情都要想一想：是否'老老实实'？是否想'投机取巧'？"

上了复旦大学，于漪碰到了许多"大先生"。一年级国文老师是方令孺教授，课堂上旁征博引，信手拈来，"引导我们超越阅读的具体文章，认识世事，了解人情，视野一下子拓宽了"。教世界教育史的曹孚教授，上课时"手无片纸，口若悬河，各个国家教育的发生、发展、特点、利弊，讲得具体生动，有理有据，似乎他在那些国家办过教育一般"。

这些老师，言传身教，为于漪树立起一个个求学、做人、教书的标杆，激发了她人生使命和教育信仰的形成。

没有对民族文化的血肉亲情，就难有"为中华民族而教"的高度自觉的教育信仰

于漪说，"对自己的母语不热爱，很难有浓烈的民族情、爱国情""一个中国人，特别是求学的学生，对自己的母语应该有一种血肉亲情"。

是的，人生使命、教育信仰，也必须建基于文化自觉之上。古典诗词是走进中国文化世界的重要途径。当年有一本别人看不上眼的石印本《千家诗》，于漪爱不释手。她说通过读这本诗集，自己领略了家乡山山水水的非凡美丽、祖国大地山川的气象万千。

但仅凭古典诗词，尤其是仅凭个人的兴趣爱好读书，是难以系统性地把握中华文化精髓的。走进中华文化深处的那扇门在哪里？

中国作家中，于漪最喜欢鲁迅。偶然间，她听说鲁迅为青年学生开过一张必读书单。她想办法了解到了这张书单，其中列了《唐诗纪事》《全上古三代秦汉三国六朝文》等12种书。"这是一张很有见地很精到的书目单，教你读书要知门径，全局在胸，轻重得体，领会人物的精神风貌。这张书目单让我领会到读书与做人一样：要识大体，知先后，知人论世，知世论人。"于漪说，这12种书她"并未一一读"，常读一读的是《世说新语》，常翻一翻的是《四库全书简明目录》。这样对中国文学、中华文化就算入"门"了。

但这还不够。

要让文化与自己的身心打成一片，则"必须专心致志地研读几部大作家的著作，随着他们的人生足迹走一遍，才能真正领会他们的心路历程，领会他们生命的光辉"。为此，于漪先后通读了辛弃疾、杜甫和陶渊明三位大家的著作，"深深进入他们的精神世界"。

于漪

同时，为提高思想认识水平，她还读了许多思想哲学方面的书。不但读，她还提倡背一点经典。"今天，我们要初步具备中华文化修养，粗知义理，从小应背哪些书呢？我想应该是构成中华文化不朽的原典。"她列了三本书：《论语》《中庸》《老子》。不但要读和背，而且要"力行"。她说，读经典要做到把自己的"思想活体"放进去，从而获得生命的力量。

这就超越了一般的文学欣赏、文化研究，而进入以文学文化滋养生命、丰富生命、提升生命的境界。教育信仰由此而坚定，而纯粹！

二、奋斗

教育是为未来培养人才，要跟着时代前进，怎么会够呢？我鼓足生命的风帆，孜孜不倦地追求，顺境不自傲，受挫更刚强，有使不完的劲。

——于漪

1986年，著名语言学家张志公阅读于漪《学海探珠》手稿，拍案赞叹："于漪教书简直教得着魔了！"

"着魔了"三个字，道尽了于漪如痴如醉的教育人生。

无论如何不能做一个误人子弟的教师

过了"而立之年"，于漪从历史改行教语文。"b、p、m、f不认识，汉语语法没学过"，语文教学的大门在哪里？

"基础教育做的是地底下的工作，打做人的基础，没有什么惊人之笔，但是它关系到国家的千秋万代，关系到学生的青春。一个孩子只有一个青春啊！"于漪告诫自己，无论如何不能误人子弟。她每天晚上9点以前工作，9点以后学习，两三年下来，把中学语文教师该具备的语法、修辞、逻辑知识，该具备的文、史、哲知识，该了解的中外名家名著过了一遍。她还立下规矩，不抄教学参考书，不吃别人嚼过的馍。独立钻研，力求自己先懂，再教学生，绝不以其昏昏，使人昭昭。

但课堂的化境哪能轻易抵达？为了向习惯"开刀"，于漪"以死求活"。她把上课需要讲的每句话都写下来，先修改，背下来，再口语化。每天到学校的路上，就把上课的内容"过电影"，在脑子里放一遍……她要让自己的语言变成蜜，黏住学生；要把每一节课都当成一件艺术品，去精心琢磨。

多年的积累，在1977年的《海燕》电视直播教学中得以爆发。上海万人空巷，人们纷纷守在电视机旁，争睹她上课的风采。时人评价：这哪是在上课，分明是于漪用生命在歌唱！

1978年，于漪成为上海市首批特级教师。他人击掌相贺，于漪却"深感惶恐"。她随身备着两把尺子，一把量己之短，一把量人之长，越量越找到自己的不足，越比越觉得自己有向前奔跑的动力。她更加勤奋学习，学习的深度、高度、广度早已超越学科圈子。她更加努力实践，在教学第一线摸爬滚打，从20世纪70年代末到80年代后期，上了近2000节公开课。更难得的是，于漪的课从来不重复，即使是同一篇课文教第二、第三遍，也绝不重复。

一个学生曾对她说："于老师，你的课我很喜欢听，但是我自己没有学会。"这句话于漪琢磨了很多年，上的课不能随着声波消失就销声匿迹，要教到学生心中，成为他们素质的一部分。"就是这样一句话，促使我一直在研究课堂教学如何突破原来的框框。"

与破解、攻克各种各样的问题形影相随

在于漪的教育生涯中，她带过许多"乱班乱年级"，她喻之为"考问感情与责任"的难题："生命本来没有名字，没有高低贵贱之分，坏习气不是胎里带出来的，我做教师的责任是帮助他们洗刷污垢，要像对其他同学一样满腔热情满腔爱。"

学校把一名屡次逃学、偷窃、打群架的学生放到于漪带的班级。这名学生与父亲争执被打后离家出走。于漪焦急万分，与几名学生找了他一天。找到后，怎么办？送他回家，只有两个可能：一是再逃走；一是旧毛病复发，依然故我。带他回自己家，他会偷，怎么办？

一想到这里，于漪立刻自责起来："对他有如此的戒心，缺少起码的信任，还谈什么教育什么爱护？"感情上的事来不得半点虚假。教师对学生是全心全意、半心半意，还是三心二意，学生心知肚明。

于漪把这名学生接到家里，于漪上班，他上学。学校放学，他跟着于漪回家做作业。于漪以心换心，以情激情，以理疏导。经过多次"拉锯战"，这名学生逐步安静下来，走上正道。后来，于漪生了一场重病，住院治疗。这名学生已经工作，探望时看到于漪打吊针，哽咽地说："于老师，你不能死啊……"他没有什么生动的语言，反反复复地说着这句话。

于漪很感动："我的学生不一定是最优秀的，但他们都是家庭的宝贝、国家的宝贝，我当教师，要把他们当宝贝一样来教育。不求

他们能显赫，但一定要成为社会的好公民，服务国家，服务人民。"

于漪的成长总是与破解、攻克各种各样的问题形影相随。20世纪80年代中期，于漪被任命为上海市第二师范学校的校长。学校当时是什么样？教师上班稀稀拉拉，迟到是常事；有的师生涂脂抹粉，心思不在教与学，赌博、酗酒的情况也时有发生……

"学校是育人的神圣殿堂，理应是一方净土，摒弃邪恶、污浊和庸俗，播撒做人的良种。"于漪决定恢复坐班制，学校教职工必须准时上下班。面对时尚潮流的影响，她组织师生围绕"什么是当代师范生真正的美"等开展专题讨论，在畅所欲言的基础上达成共识：社会上流行的，学校也不一定都提倡；学校风气如果降低到社会的一般水平，那是教育的失败。

学生不爱惜粮食，泔水缸里的剩饭剩菜溢得满地。于漪气急了，到伙房里拿了个脸盆，用手把一个个包子、大块大块的饭捞起来，到一个个教室去讲："任何人都不能暴殄天物，这是素质问题、品德问题……"事后，学生在周记里写道："我从来没见过于校长如此激动，我们不好，不懂事，浪费粮食的行为可耻，以后要注意节约。"

"一身正气，为人师表"逐渐成为全校师生的精神支柱。焕发新颜的上海市第二师范学校吸引了来自上海各区县优秀的初中生报考，为上海的基础教育培养了大批人才。

在教育的大海中畅游的于漪，在现实生活中的脚步是不轻松的。胃溃疡、肝炎、心脏病……都曾"光顾"过她。每天，她吃大把大把的药；每天，她意气风发，要么伏案疾书，要么四处奔走，从不停歇。近年来，于漪每年都准备一本专用的挂历。挂历上，几乎每一个日子都画上了圈。但这远不是全部。退休后，她逐字逐句审阅了从小学到高中 12 个年级的上海语文教材和教参。至今，她有时上午要听 4 节课，下午开展说课、评课。她曾经腰椎骨折，卧床 3 个多月，一能坐起就深入学校指导课题和论文，走进课堂听课评课。

于漪曾为她的《语文教学谈艺录》拟过一个小标题，叫作"跑步前进"。总是勇担使命、坚守信仰，总是"先天下之忧而忧"，总是在与时间赛跑，已成为她生活乃至生命的姿态。

三、思想

古今中外所有留名史册的一流教育家几乎都具有这样的共性：他们从来不是关在自己的书房里闭门造车、空谈教育，也不是囿于个人之局部经验而沾沾自得，而是在实践中去思考、去发现、去探索科学的教育规律，最终在理论上有所建树，逐步构建起他们的理论体系。

——于漪

于漪 1951 年从复旦大学教育系毕业，一头扎进杨浦中学的时候，这所当时在上海名不见经传的中学并没有意识到，一个纤弱文静的小姑娘，竟然满怀教育家的光辉理想，要做一件伟大的事——站在巨人的肩膀上，从中国文化、时代和实践的土壤里，为当代中国培育一部活生生的"教育学"。

"'人文说'是我向当今教育贡献出的一颗赤诚之心"

于漪的教育思想是从语文开始发端的。

1949 年以来，语文界提出了语文学科的"工具说"。"文革"

后，语文教育依然十分强调工具性，甚至有纯工具化的倾向。

1979 年，敏锐的于漪先声夺人，发表《既教文，又教人》一文，大胆提出语文教育要有思想内容与表达形式辩证统一的整体观念。

然而，20 世纪 80 年代中后期，语文教育"工具化"引导下的片面教学与引进的标准化考试一拍即合，语文教学陷入题海训练，学生没有兴趣，老师迷茫。

许多人把鞭子打在了高考上，于漪却不这么认为。"支配群体性教学行为的其实是不正确的语文教育观念。"她进行综合分析后，发现关键是对语文学科的性质认识不清楚，是"语文课就是基础工具课"的思潮在起作用。

那么语文到底该如何定位呢？当时给语文学科定的各种"性"，如文化教育、审美教育等，超过了 10 种。

于漪在广泛深入学习研究国内外有关母语方面的文献后提出，各民族的语言都不仅是一国符号体系，而且是该民族认识世界、阐释世界的意义体系和价值体系。语言不但有自然代码的性质，而且有文化代码的性质；不但有鲜明的工具属性，而且有鲜明的人文属性。工具性和人文性，是一个不可分割的统一体的两个侧面。她还主张，"人文性"较之"思想性""情意性""文学性"等更为合适，由此突破了原有的"工具性和思想性"的框架。

这些思想，在 1995 年《弘扬人文 改革弊端》一文中发表，在语文教育界引起巨大反响。工具性与人文性相统一，是语文课程的基本特点，得到越来越多人的认可，并最终体现在 2001 年教育部印发的《义务教育语文课程标准》中。

这里的人文精神，于漪认为，既有中国传统意义上的人文思想，也有现代意义上的人文思想。

"这是我在自身学术理论上的一次重要跨越。"于漪说，有了这个思考和发现，对语文教育教学其他问题的思考和阐释，就有了原点和强有力的支撑。

由此出发，语文教育就是教文育人。要实现"教文育人"的大目标，需要3个基础：一是"目中有人"的教育理念，也就是对育人要有全面具体的认识；"'目中有人'的教育理念指导着我一生的教育实践活动，成为我语文教学目的观——'教文育人'的第一依据"。二是时代的要求和使命意识，要有"以天下为己任"和"以教育为己任"的忧患意识和责任感。三是语文教学培养目标的整体性。

从实践中走来的于漪，从"人文说"和"教文育人"的教育教学观出发，逐步构建了完整而系统的语文教育体系，一直延伸到中国语文课堂教学的前线，扎根本土，直指时弊，具有鲜活的独创性。她用生命书写出了一部地地道道的"中国语文教育学"。

教育就是要增强人的精神力量

于漪是有宏观思维和前瞻性思维的。这决定了她不单单是一位语文教育家，还是一位从语文教育走出来的"人民教育家"。

在普通中学任教的于漪，与各种类型各种层次的学生长期相处，真正懂得了没有爱就没有教育，教育没有选择性。这奠定了她以所有学生发展为本的人文精神的实践基础。

而更多的思想来自现实问题。

"教书"是为了什么？20世纪80年代初，不少人认为"教书"

是具体任务，"育人"则很抽象，是班主任的事。于漪便大声疾呼："育人"是大目标，"教书"要为"育人"服务。任何学科教学都应有教育性，有教育性的教学，就赋予知识、能力以灵魂、以意义，能促进学生的发展。

育人是要"育"什么？对此，于漪较早提出了"全面育人观"：全面发展是实施素质教育最本质的反映。社会文明程度越高，越需要全面发展的人。人的生命体本身也蕴含着全面发展的潜能，教育的任务就是把学生的潜能变成发展的现实。德性与智性是生命之魂。德智体美劳各育应有机融合。

教育的根本目的是什么？针对教育功利化倾向，于漪说，古今中外研究教育的大家都认为教育的本质是完善人的精神世界。现代教育不能忘记教育最终为人的精神生活服务。知识和能力是获取精神力量的阶梯，不是精神力量的全部。学生求学读书是为明做人之理，明报效国家之理。如果教出来的学生只知以个人为中心，以追名逐利、享乐为目的，缺少服务国家、服务人民的社会责任感，那是教育的失败，有辱历史赋予的重要使命。

在因材施教上，于漪有一句名言：知心才能教心。学生处在变化发展中，要不断研究学生成长中的3个世界：生活世界、知识世界、心灵世界。3个世界要和谐发展。不仅要把握学生年龄段的特点，更要把握时代、社会、家庭因素在他们身上的影响与反映。教育要努力发现每个学生心中那根"独特的琴弦"，在沟通理解上多下功夫。

于漪的教育学就是这样，既唱"神曲"，又唱"人歌"，所以能服人。

办教育必须确立制高点

于漪在长期的教师、校长和培养青年教师的工作生涯中积累了教师职业发展方面的理论和实践的财富，形成了一部活生生的"教师学"。

"没有教师，人就不能成才；没有教育，社会就会一片黑暗。"她进一步指出，教师的崇高职责就是在学生心灵深处滴灌生命之魂。她特别强调，教师是"过去历史上所有高尚而伟大的人物跟新一代"之间的中介和桥梁，教师职业是继承人类传统和面向未来的职业，关系国家的千秋万代，关系千家万户。教师必须是一个思想者，身上要有时代的年轮。教师的智力生活一刻也不能停滞。她主张，教师要学一点哲学，要有文化判断力。

她还说，没有一个职业像教师那样意义非凡，教师的思想、情感、价值观无时无刻不在起作用。没有一个工作像教师那样对人的一辈子起作用。教师对学生的作用不可能是"零"，不是正面作用就是负面作用。教师首先在人格上要"表里俱澄澈"，做到在学生看来是个里里外外通透的、可敬的、高尚的人。

……

2014年，习近平总书记提出"四有"好老师的标准，为老师们明确了努力的目标。在于漪看来，要做"四有"好老师，关键在于内心的深度觉醒，把自己的命运前途与国家的命运前途、老百姓的命运前途紧密联系在一起，"一旦觉醒，人就会变得聪明起来，就会站在比较高的地方思考问题，而且心中总是有一团火，有旺盛的经久不衰的内驱力"。

于漪在治理上海市第二师范学校过程中，形成了对校长素质的认识和一整套办教育、办学校的思想方法。

什么样的人可以当校长？

于漪说，要德、才、识、能兼备。

一身正气，为人师表，是校长应具备的基本素质。校长要"养吾浩然正气"。在当今，就是要有坚定的社会主义信念，对党的教育事业赤胆忠心，有高度的使命感和责任感，堂堂正正，光明正大，按照党的方针、政策办事。校长应具有相当程度的职业敏感，跟随时代奋力前进；具备正确的教育思想，努力探索并力求通晓基础教育的规律；还应具有管理的才能，具有民主作风……

什么样的校长能够成为教育家？

于漪说，校长要成为教育家，必须是文化人、文明人，身上有书卷气，有丰富的智力生活，学而不厌。校长思维要十分活跃，审时度势，因时辨势，遵循教育规律，独立思考，努力创新。

校长在教育教学领域执着追求，宏观上能打开视野，居高临下，微观上能扎扎实实，一丝不苟，在实践中既能积累和创造行之有效的经验，又能从理论高度阐述和揭示基础教育育人的规律，就能成为办学的行家里手，成为师生憧憬的、献身教育的教育家。

于漪是这样想的，这些也是她作为"人民教育家"的行动缩影。

关于如何办教育，最为著名的是她1990年就提出来的"三个制高点"思想：办教育必须确立制高点。首先，要站在时代的制高点上。其次，要站在战略的制高点上。再次，要站在与基础教育发达国家竞争的制高点上。这一思想一举突破了学校的微观定位,把学校办学使命与国家民族命运紧紧联系起来,大气磅礴、语振四座。

21 世纪初,一些学校重有形成果,轻无形文化。对此,于漪一针见血地指出:"对学校文化建设重视不重视,建设到怎样的程度,影响乃至决定学校的形象、质量和生命力。"

于漪认为,学校文化是学校的灵魂。每所学校的精神支柱可以迥然有异,但都必须紧扣育人的宗旨,代表先进的文化。它应该是社会文化中最主流、最健康、最奋发向上和符合教育规律、符合师生身心发展的。要使它成为全校师生追求的目标,思想言行的准绳,情感、态度、价值观判断的标尺。

于漪的办学思想,句句都是指导教育实践的箴言。

近年来,最让于漪椎心忧思的是教育教学改革中"西方话语"的盛行。从 20 世纪 90 年代起,她就多次表态:"绝不让自己的教育实践沦为外国理念的论据。"

于漪认为,中国的基础教育质量在世界上也是上乘的。要从基础、从历史、从国情等多个角度来看中国基础教育发展。对于出现的问题,要用辩证唯物主义和历史唯物主义来看待。树立自信,不是故步自封、拒绝学习外国,而是要深入、全面地研究学什么、怎么学。要根据我们国情决定取舍、改造、创新,要以我为主。"我们有独特的历史,独特的文化,独特的国情,中国教育必须有中国人自己的灯火,走中国人自己的路。"

2014 年,85 岁高龄的于漪吐露了一个夙愿:

"我这名年已耄耋的教师,心中翻腾着一个强烈的愿望,那就是急切盼望当代能创建有中国特色的教育学。"

"这部教育学有磅礴之气，和谐之美，它蕴含中国至圣先贤的教育智慧，包蕴近现代尤其是当代教育的鲜活思想和先进理念，人类进步教育的种种创造融化其中，不见痕迹。这部教育学是中华优秀文化教育传统与时代精神的高度整合，投射出民族智慧的芳香，充满育人成长成才的活力。"

于漪教育学诚如斯言！

四、风范

> 一颗狭小的心有浩浩荡荡的学子，有多情的土地，有伟大的祖国，胸怀就会无限宽广，无处不是学习的机会，无处没有智慧的闪光。
>
> ——于漪

做了一辈子教师的于漪，一辈子行走在努力修炼、锻造学识与人格的路上。

与时俱进，勇立时代潮头

于漪的人格魅力很大程度源于思想的魅力。她的思想总是与时俱进，洋溢着时代的气息。

1984 年，她发表《锐意改革，开拓前进》一文，发出一连串时代追问："怎能从根本上调动学生学习的积极性和主动性？怎能有效激发他们旺盛的求知欲？怎能与时代的要求合上节拍……"

时过境迁，这些追问仍引发人们的关切与反思。

21 世纪初，社会环境急剧变化，于漪敏锐意识到重构学校的价值取向是教育面对现代社会挑战的关键问题；今天需要重构学校的价值取向。我们既要讲"义"，又要讲"利"。有钱是买不来现代化的，有钱也不完全能够办好学校。

于漪常说，时代在前进，教育必须与时俱进。然而人们不禁要问，于漪为何总能立于时代潮头，为何在关键的时代节点上总能敏锐、准确地触摸到时代跳动的脉搏？

上海市教委教研室原主任王厥轩将这份敏锐与洞察力归因于强大的学习能力。

上海市市北中学原校长陈军也认为，"于漪始终与时代同行，在思维方式的完善方面，她长于吸取多元文化精髓，使思维既有缜密的特点，又有开拓的风貌"。

坚守而不保守，兼容并包、不断完善的学习方式和思维方式，构成了于漪永葆活力的思想源头。

"仁爱"之情造就大胸怀、大气度、大力量

"爱"是于漪教育人生的主题词。

于漪对爱的理解与认识，从最初"有选择之爱"到"超越亲子之爱"，再到仁爱，历经了漫长的过程。

初当教师的于漪，"爱"只是空泛的概念。后来于漪明白，"天工造物十分奇妙，每个学生都有自己的独特性……每个学生的生命都值得尊重，都必须关心"。

于漪将这种众生平等之爱称为"师爱超越亲子之爱"——学生身上的事都是她心上的事，学生都是她的儿女。

师爱的最高境界叫作"仁爱"。

于漪的"仁爱"品格是贵贱贤愚无论的"有教无类"。

于漪的"仁爱"，是将学生的幼稚、不成熟、偏激、毛病当作常态，去爱护，去发现闪光点。想办法把不懂的变懂，把差劲的变好，这正是于漪的"本事"。

于漪的"仁爱"品格是直面问题的坚韧之爱。没有这种坚韧的爱，她不可能在教育教学中年年月月、任劳任怨，"引着、拽着、扶着、托着、推着学生向前"。

于漪的"仁爱"品格更是为师的大爱大德大情怀。她眼中的学生是国家未来的希望，是每个家庭的希望。因此，"用仁爱、大爱促进了学生的全面发展，为国家培养了优秀的人才，通向了个人的教育梦，也通向一个更大的中国梦"。

择高处立、胸怀天下的"先生之风"

一个人的人格魅力往往不仅仅取决于时间与经验的累积，更取决于站立的高度。

于漪的人格境界、格局之高，源于扎实学识所赋予的思想起点之高。她思考教育问题总在很高的位置，在宏观上有较为科学的总体设想。

于漪境界、格局之高，还在于她往往能跳出学科、专业的局限，每每从社会、国家全局全域整体、系统地观察思考。

于漪境界、格局之高，更在于跳出个人之"小"，自觉担当起国家民族的重任。她曾用诗一般的文字抒发自己的思想嬗变，"一颗狭小的心有浩浩荡荡的学子，有多情的土地，有伟大的祖国，胸怀就会无限宽广，无处不是学习的机会，无处没有智慧的闪光"。

指导学生课外阅读

登高望远，于漪将自己的工作、前途、命运与民族的前途、命运，国家的前途、命运紧密联系在一起。"休戚与共、血肉相连时，你就可以站得高看得远，你从平凡工作中能够洞悉不平凡的意义和价值。"

这正是我们从于漪身上得到的不平凡启示。

一身正气、为人师表

于漪一直秉持做老师、教学生"吾善养吾浩然之气"，因为社会上总会有一些歪风邪气，必须要"一身正气、为人师表"。

她做校长爱憎分明，自觉维护教育的神圣和纯净。正气并非虚空，而是看得见，摸得着，在思想、品德、气质、言行上均有所表现。

面对矛盾，于漪常说，"社会上各种各样的矛盾基本上是以我为中心的，学校里各种各样不和谐的声音都是'老子天下第一'，因此'以己之短，比人之长'是非常必要的""办教育的人，谦虚是基本的素质"。于漪这样说，也这样做。

于漪崇"真"，敢讲真话。她的"真话"总能一针见血地看到表面和谐背后的矛盾与问题，痛快淋漓、力透纸背，彰显实事求是、独立思考的精神硬度。

"一些学校的口号和标语让人心惊肉跳，让人心寒，什么'眼睛一睁就是竞争''现在不吃苦以后就抢不到别人的饭碗'，这哪里还有和谐友善？"

当很多教师教学热衷于参考资料、电脑下载教案、媒体炒作信息、教育时尚操作，于漪及时予以警醒："讲坛不必在乎高低，但为师者的思想需要有高度，脊梁骨需要有硬度。"

于漪的"真话"包含着她作为"人民教育家"的良苦用心。

在指出不合理现象的同时，她更给出中肯的建设。当价值冲突、观念混乱、方向不明时，于漪用"真话"建言，"我们不能只点洋蜡烛，心中永远要有一盏中国的明灯""课堂教学要德智融合""教育归根结底不是要解决学生未来的吃饭问题，而是要解决学生的灵魂问题"。

她的是非分明、坦荡正气、求真务实，她对错误价值观的批评，以及对教育神圣和纯净的极力维护，归根到底是无我的品格使然。在于漪身上，因为无私而坦荡，因为无我成就了大写的"人"。

五、贡献

> 我在几十年的教育工作历程中，克勤克俭，做了一些工作。说到底，我就是坚守了新中国教师的本分。

> ——于漪

近70年始终以人民为中心，全心全意服务人民，近70年不断丰富的教育实践和深刻的教育思想，成就于漪大写的流光溢彩的教育人生。

用博大的胸襟和朴实的教诲创造了一个又一个育人"奇迹"

经师易得，人师难求。前两年，一名毕业多年的学生从大洋彼岸给于漪写信："于老师，感谢您将中华文化之精妙和为人之基准播种于我少年心田。"近70年来，于漪用博大的胸襟和朴实的教诲创造了一个又一个"奇迹"，培养了一个个大写的"人"。

作为班主任，她将极差、极乱的班级带成了先进集体；作为校长，她使名不见经传的学校成为全国先进；作为"导师"，她培养了一批全国知名的教学能手、德育名师。

于漪总是想方设法为青年教师搭建平台。她首创了师徒"带教"方法——师傅带徒弟、教研组集体培养、组长负责制，有效促进了青年教师成长。从20世纪80年代开始，她先后培养了三代特级教师。

如今，90岁高龄的她仍主持着上海市语文学科德育实训基地的工作，还担当着国家级骨干教师培训的重任。

于漪几乎获得了党和政府所能给予人民教师的所有荣誉，但她从没有为名利所羁绊、因掌声而止步。她说，"人是要有一点精神的。'我是共产党员''这是组织交给的任务'，这两句话，给了我无穷的动力"。

矢志不渝为教育决策建言献策，提供思想养料

自 1977 年起，于漪连续五届当选上海市人大代表，她积极参与制定地方性法规，审议决定上海市重大事项，对于提高教育经费预算、改善基础教育办学条件发挥了重要作用。

"最难忘却的是 1988 年上海市九届人大第一次会议上提交的关于增加教育经费的议案。"由于大批返沪知青的孩子正好到入学年龄，小学生骤增，而那年教育经费预算增幅为 5.7%，差距很大，导

与青年教师在一起

致小学要改成"两部制"，即半天在学校求学，半天在家。"两部制弊端甚多。我是教师，对学生有特殊的感情。"于漪在会上慷慨陈词，陈清利弊。会议决定修改教育预算，增幅改为 8%。那年教育预算执行的结果，增幅达 13%。

多年来，于漪是素质教育坚定的倡导者、实践者、坚守者。面对教育功利化现象，她提出了"全面育人观""教在今天，想在明天"的理念。21 世纪，于漪提出语文学科要"德智融合"，真正将立德树人落实到学科主渠道、课堂主阵地，获得广泛认可。

传播先进教育思想，准确解读和宣讲国家重大政策，并身体力行

数十年来，于漪总是基于丰富的教育教学实践，准确地解读、宣讲，并身体力行。

1983 年，邓小平同志提出"三个面向"。随后，于漪倾心撰写《锐意改革，开拓前进》一文，引发了基础教育领域如何贯彻落实"三个面向"精神的广泛讨论。直到 2012 年，于漪还在强调"三个面向"的意义和价值非比寻常。

于漪有着强烈的理论渴求，又总是为解决实践中的问题而研究，是一名始终不曾离开教育教学一线的研究者。

2005 年，上海刚刚制定"两纲"，于漪开百余场宣讲课，"要让学生在现代化大潮中树立理想信念，不迷失方向，有家国情怀，就必须树民族精神之根，立爱国主义之魂"。

她密切关注着中国教育的变化与发展，倾力写下几百万字著作。目前已出版的著作有《岁月如歌》（手稿珍藏本）、《卓越教师

第一课》、《教育的姿态》、《语文的尊严》、《于漪知行录》、《于漪新世纪教育论丛》（6卷）。主编有《教育魅力——青年教师成长钥匙》（2013年度教师喜爱的100本书之TOP10中第一本，已印刷11次）、《走进经典——语文阅读新视野》（6册）、《"青青子衿"传统文化书系》（12册）、《现代教师自我发展丛书》（共18本）、《现代教师学概论》等。2018年8月，《于漪全集》（8卷21本）正式出版。

2018年12月28日，于漪获得"改革先锋"称号。回到上海后，她认为需要贯彻全国教育大会精神，促进学生德智体美劳全面发展。2019年教师节期间，她在病床上勉励广大青年教师："我在几十年的教育工作历程中，克勤克俭，做了一些工作。说到底，我就是坚守了新中国教师的本分。"

10月1日上午，于漪早早打开电视，在上海家中收看了中华人民共和国成立70周年庆祝大会。"我感受到体内潜藏的力量要在新时代更好地迸发出来。正如习近平总书记所讲的，中国的昨天已经写在人类的史册上，中国的今天正在亿万人民手中创造，中国的明天必将更加美好。"

《左传》云："太上有立德，其次有立功，其次有立言，虽久不废，此之谓不朽。""三不朽"一直是中国传统知识分子追寻人生价值和意义的最高标杆。于漪近70年教书育人之"德、功、言"成果蔚为大观，无愧于"人民教育家"国家荣誉称号，必将影响、激励更多后来者。

2019年发表于《人民教育》

于漪：美是不功利——美育访谈录

☆家长焦虑、学生焦虑、老师焦虑、校长焦虑。教育本来是追求真善美的事情，如果教育整天处在焦虑中，那怎么行

☆教育就是吃苦，你现在要吃苦啊，才能创造美好生活，这实际是种误解。教育并不是现在吃苦，而是现在就要追求美好，让孩子精神放松，而不芒刺在背

☆教育当然要学习知识，记忆、理解，有一定练习，但苦中是有乐的。教育生活本身，就是一个追求美好的过程。这里头，就一定要渗透美育

☆娃娃接受教育，不该"人生识字忧患始"，一定乐是陪伴的，引导他追求美好，否则丢了"完整的人"。情操陶冶非常重要，不能全在功利上。世上从来有有用之用，有无用之用，求知大量是前者。但有用之用离开了孩子的愉悦，离开了美的熏陶，真的是痛苦不堪的

☆高铁那么先进，霸座那么落后，为什么？没有美啊，缺的是美育

——采访中的"于漪之问"

于漪，1929 年 2 月生，江苏镇江人，上海市杨浦高级中学名誉校长。长期躬耕于中学语文教学事业，坚持教文育人，推动"人文性"写入全国《语文课程标准》。主张教育思想和教学实践同步创新，许多重要观点被教育部门采纳，为推动全国基础教育改革发展作出突出贡献。荣获"全国三八红旗手""全国先进工作者""改革先锋""最美奋斗者"等称号。2019 年 9 月获"人民教育家"国家荣誉称号。

电话里，她爽快地接受了采访。见面后，她畅谈了两个半小时。91 岁的她近年身体一直不好，血压到过 209，已长期谢绝采访。但她看重这次主题，"从来没人从这个角度找我"。

预习：学校里的美育，请谁来谈

找于漪，是误打误撞。

那天记者上门，于漪先请落座，随即步入里屋，拿出两张《解放日报》——前两篇"美育访谈录"版面说："仔细看了前两位所谈，伍必端教授从艺术创作角度，黄豆豆从社会普及角度，我的角度，又不一样。"

的确。美育，事关立德树人。艺术创作、社会普及之外，学校，课堂，是国民教育与大众审美的从小培养场所、美育基本途径，基础性重要性不可替代。然而，请谁来谈？记者曾颇费思量。

艺术课程是美育重要组成部分，但美育不仅仅是艺术教育。

受伍必端忆"人民教育家"陶行知影响，记者在去年国庆 70 周年新中国首次授予这一荣誉称号时，想到了基础教育领域唯一获此殊荣的"人民教育家"于漪。

不过，她教的是语文，会与美育有关联吗？

一查，她教学一大特色，正是"非常自觉地追求审美境界"。

今年 5 月，记者试着拨通电话，自报家门，问候健康，说明来意。她听完在电话里就聊了起来。

备课：91 岁于漪准备上一堂美育课

她非常认真。

拿出两张《解放日报》后，她又拿出 6 本书刊给记者，十多枚书签从页缝探出头来。精心准备的这些材料，在她随后讲述中，或为背景，或为案例，在记者眼前次第展开，导入适时精准，讲来行云流水。

她多次说过的追求是：一堂课讲下来，就是一篇师生共同写就的优美散文。

记者准备的 29 个问题，全在自然而然中，已被涵盖回答了。

开讲：我为什么对美育"非常自觉"

你打电话给我，我为什么马上就很高兴地接纳呢，因为一直在思考这个。我三十几岁被关注，报道确实很多，一般都聚焦在学科、班主任。近一二十年，我德育做得很多。人缺德就完了，针对"育分不育人，求学不读书"，我提出"立民族精神之根，树爱国主义之魂"。我们培养的不是机器，教育是育人，分不代表人。不管什么考卷，考不出人的综合素质。人最后在社会发挥多大作用，归根到底跟综合素质非常有关。我早年被关注，就因为总觉得教育不是无情物，一定要对孩子满腔热情满腔爱，所以上课一大特点就是充满激情。基础教育阶段，孩子变化很大，我一直认为要德智体美劳全面发展，基础打得宽一点，以后可样样发展。前两篇写的老先生、黄豆豆，搞的是艺术，我搞教育，不一样，但探索教育的美、追求教育的美，是我整个教学里头非常自觉的一个思路。

为什么"非常自觉"？我学教育，受蔡元培先生影响。当时中国没自己固定的宗教，他以美育代宗教。人没信仰不行，一定要追求一样东西。他认为，美育的目的是陶冶活泼敏锐的性灵，养成高尚纯洁的人格。我读后就觉得非常重要，美育是和智育、德育结合在一起，培养美好情操、健康人格的。

我就想到王国维。他最早从西方引进美育，认为美育是培养"完整的人"非常重要的一个方面。他说智力的理想是真，意志的理想是善，情操的理想是美，把教育和真善美联系起来。教育的事业是理想的事业，没有理想不要谈教育，我们从事的就是真善美。科学求真，离开了真，就虚假，虚假就丑恶。东施效颦不美，因为假，美一定是真的。

还有善，我们中国讲"上善若水"，善是情操里头非常重要的一个方面，人性里头最最好的因子。善一定跟美联系在一起。东方文化思想如此，西方最早提出美学的学者，也说从自然的人到理想的人，桥梁就是美育。歌德、托尔斯泰都对美有很多论述，苏联教育家苏霍姆林斯基、赞可夫也都讲美育重要，说"最好的学习方法是唤起学生对美的追求，尤其是心灵深处"。

美本身就是生活。我们中国讲大千世界，大美无言，美是无处不在的。大自然美，社会上许多高尚的人、高尚的思想，朴素的、很深厚的人际关系，英雄的家国情结，也都是美。每位孩子、成人，都拥有丰富的美，也追求生活的美好。爱美是人的天性，追求美好是人们共同的目的。所以在教育中，美非常重要。

我追求的还一定是脚踏实地。多元文化，知识爆炸，人们自然而然地焦虑，家长焦虑、学生焦虑、老师焦虑、校长焦虑。教育本来是追求真善美的事情，社会要发展，一定要靠教育培养人。教育把人的个体发展跟人类整体命运结合起来，个体发展好了，国家、民族的整体命运才能长足进步。如果教育整天处在焦虑中，那怎么行。

我们现在有种精神层面的常态：教育就是吃苦，就是痛苦，死命地挣扎。你现在要吃苦啊，才能创造美好生活。这实际是种误解。教育并不是现在吃苦，而是现在就要追求美好，让孩子精神放松，而不芒刺在背。教育当然要学习知识，记忆、理解，有一定练习，但苦中是有乐的。教育生活本身，就是一个追求美好的过程。这里头，就一定要渗透美育。娃娃接受教育，不该"人生识字忧患始"，一定乐是陪伴的，引导他追求美好，否则丢了"完整的人"。情操陶冶非常重要，不能全在功利上。世上从来有有用之用，有无用之用，求知大量是前者。但有用之用离开了孩子的愉悦，离开了美的熏陶，真的是痛苦不堪的。一定要让孩子有愉悦感，觉得哎呀我今天怎么会懂了这个，这就好了呀，他就不以为苦了呀。

讲我教学艺术的很多，但为什么我会这样，就因为有这么一个思想。

案例：怎样用好"世上最美的语言"

具体怎么做？带领孩子从美好的事物当中寻找美，来愉悦身心。

美好的事物是客观存在的，但大美无言。兰亭那个地方很美，但没有王羲之去，就没有人的感受、人的认知。柳宗元讲过，"美不自美，因人而彰"。我的学生都知道，我教他们，一定会引罗丹一句话："对于人们的眼睛，不是缺少美，而是缺少发现。"大自然的美无处不在，我们学科里头也一样，多少年来认识的积累、思想的结晶，美不胜收。带孩子去发现这些，不断满足他们的好奇感。

你看我这篇文章标题，《课要追求"三动"的境界》。动听，学生沉浸在语言美的氛围中，遨游在母语的丰富美感里，感到快乐，产生兴趣。动情，追求美好理想的感情是高格调的情感，教师"披文以入情"，学生产生托尔斯泰说的"感情的传染"，就会升腾起对美好事物的向往和追求。动心，黑格尔在《美学》中说"构成心灵的最内在的本质的东西正是思考"，不会思考的大脑一片荒芜、没有美感，善于思考的大脑异彩纷呈、美不胜收。

学数理化是很累的。马克思讲过，一般的抽象符号，背后是大量具象的东西在支持。但孩子、小娃娃，具象的东西较少。我就有个想法，其实是幼稚啊，当时 30 多岁，就想前一堂是数理化，逻辑思维，非常紧张，下一堂我上语文就多用具象给脑子换频道，实际就是以美来支撑。

教语文，文字本身就美。教《最后一课》，我说过，我们中华民族的语言真正是世上最美的语言，情感、精神、语言之丰富，文化内涵之灿烂，情意表达之细致、细微、细腻，令人叫绝。小学一年级课本打开来，简直好像走到画廊里头，看到的是一幅幅画。山啊水啊，笑，两道眉毛扬起来，哭，两个大眼睛。鸟鸣叫，哎哟一个嘴巴张大口。汉字，双脑文字，独具美感。它的内在结构和体态，

课后提问，学生的积极性十分可贵

有的非常飘逸，有的矗立不动。要把这种美的感觉教进去。汉字是历史的眼睛，我教语文，教的是历史风云、世态人情。通过会说话的汉字，你就给它以美感。哪怕小孩子写错字，也不要什么给我抄十遍，这个最蹩脚了，老师怎么可以这个样子。孩子"染"字总写错，加一点，九变成药丸的丸。我说哎呀真是奇怪了，染坊不染颜色啦？生产药丸啦？为什么是九，各种各样颜色呀，多啊。他马上就记住了。其实是激发了一种美感。

我们教各式各样的文章，尤其是文学作品，是一种人性的展示，人生轨迹的一种表露。这里头一定充满了真善美，鄙薄假恶丑，所以一定要用美育的眼光来讲。

你看两篇课文。一是《驿路梨花》，我教，首先要教出一种诗情画意，教学用语要斟酌。（惊叹语气）"山，好大的山呵！"异峰突起，还原生活的场景，吸引学生一道去"看"。如果你说，记住，这里交代故事地点，最多就是一个知识性，只是有用之用。我也在告诉他地点，但是用美育的角度，通过文字想象画面：梨花飘落到身上，月光、晚风，人在花中走、花伴人夜行……用诗情画意把他带进去。小孩好玩啊，我们一道去找啊，教学就有愉悦感，不是概念，不会苦。讲到小姑娘从梨树丛中闪出，我就让孩子们做手势，什么叫闪出？老师想不出来啊。学生做各种手势。我点评说，闪字人前有门，前头一定有遮蔽的东西才叫闪，让人大吃一惊。这个闪字就活了。一路悬念迭起，小孩一点都不苦啦。而在这过程中，其实德育就进去了，我们爱祖国的山河。

二是王愿坚的《七根火柴》，讲到那只举起来的手，我开始也想提问：这是怎样的语言描写？但总觉得这样问苍白无力，不行，要用激动人心的话，问题要直指人心。我说无名战士留给人间最后的话语是什么？留给人间最后的动作是什么？小孩一下就注意了。我抓住文中这个艺术镜头，远处的树近处的草都是湿漉漉的，眼前都是模糊的，但指向正北方向的手又是清晰的，这不是矛盾吗？我就讲了，模糊表现无限悲痛，为什么又清晰呢，高举的手指着长征的方向，好像再加一个特写镜头，舞台上的灯慢慢暗下去，所有光集中在手上，把生的希望留给战友，把死亡留给自己，交织起来写，整个草地在哭泣，为伟大的英雄品质唱哀歌，唱赞歌。课堂是有文化的，课堂的文化是要有魂的。知识只是一个方面，有故事主题，还有精神主题，就是魂。我们用美育加上特写的一个镜头后，小孩脑子里，马上就联想到舞台上的灯光暗了。这个镜头就不仅仅是在课文里，在草地上，也慢慢移植到孩子心中。这种文化的精神的魂的散发，很久远的。

我上课常用戏剧、美术等艺术手法解读文本，使文中精神凸显出来。我顶高兴的，就是孩子觉得两节课一下就过去了，兴致很浓。我们就是要教我们优秀的传统文化，要教我们的革命文化，你用美育的角度切进去，孩子觉得是种享受。对德育的支撑，对情操的陶冶，比单纯知识更有意义。为什么钱学森要学音乐？以色列学者研究，一个人的成功20%是智商，40%是情商，40%是灵商。灵商是什么？直觉，创造，想象的海阔天空。这是什么，美育呀。

逻辑也一样，有逻辑之美。蔡元培先生说幼儿园舞蹈、音乐、手工要进行美育，就是计算、说话也可起美育作用。教说明文、记叙文，《花儿为什么这样红》，我是在花园里上课的。教《核舟记》，我首先去城隍庙买枣核。学生没见过，啊，那么小！一人发一张图画纸，文中写几个窗几个人，全画出来。是在读书吧？当然是在读书。学习有各种方法，我激发他的兴趣，激发好奇心，兴趣、好奇心是最好的老师。画完我们就讲了，织锦成文，刻工是天下一绝，写出来也了不起。这样一比照，要说明的问题全出来了，学生就有体会了。

板书：教学力戒"失魂落魄""魂不附体"

为了把这个课上好，首先，教师要进入文本，感受里头真的价值。人类创造文明，很艰辛，能传下来的思想结晶，一定伴随着真善美。哪怕是文言文，它的德育智育美育价值，都该十分清楚。三者不是一加一加一，是融合的整体。备课真得自己先做学生，不好好做学生，没办法做先生。要能很好体会到，哪些地方最能打动孩子内心，就看得深，识得真。就如看《清明上河图》，桥那个地方是最精彩的，为什么？一定要有自己独特的体会，不是参考书，不是网上下载人家怎么上的，一定要有自己的审美观念。文章绝对不只是文字排列组合，背后是人的生命、思想轨迹。读文章是读人、读历史、读现状，读思想的起伏，或是涟漪，小小的，或是大海一样的波涛。教师自己没审美体验，抓不到文章的魂，上课就会失魂落魄、魂不附体。

我说的教课"三动"，就教师来讲，应有才、思、情、趣。缺才就平庸，挖不到文章最最深的地方。缺思就肤浅，把自然的人培养为理性的人，当然要思考。所有的思，情是根，缺情就苗叶枯槁，讲课没血肉。最后是趣，哪怕十七八岁的高中生，也还是孩子，教学缺了趣就笨拙、干巴，就不行。四者是综合体，课堂是多功能的，不只是传授知识。教师的教跟电脑的教，绝对不一样。情孕其中，可以创造愉悦气氛。师生是互相帮助的共同体，这种氛围是完整的美，一堂课下来应该值得咀嚼，是师生共同写的优美的散文。教师要有语言功底，不能味同嚼蜡。

同时，要和学生平等相对，伙伴式学习，相信他、悦纳他、兼容他。每位孩子都是一个独特的完整体。你以为他幼稚，在那个年龄阶段他就是成熟的、完整的。人总有优点和不足，教育就是把孩子看不见的潜力开发出来，而美育，是非常重要的一个切入口。因为它愉目悦耳，孩子听得进啊，小孩子最讨厌说教。

培养孩子读书的过程，实际上就是一个"情动"的过程，"情动而辞发"。教师不仅要调动学生的智力，而且要调动他的感情，润色他的情操。我们讲的情感、情操、情愫，绝对不只是情绪。情绪是低级的，我们讲的是审美的价值观，是精神高品位，因此一定伴随着思考，伴随着求真。通过感性认识、理性认识不断交融，形成自己的见识，从自然人达到理性人。读书的过程，实际就是从情动的过程，到思考的过程，最后到形成识见的过程。他慢慢能独立思考，从碎片化、线性的，到多维的、立体的，综合素质高。这才是尽到了责任，是完整的培养。

教育的魅力，就是在追求真善美的过程中，让学生自己开始懂得道理，体验到，分辨出。苏霍姆林斯基讲：为什么要重视美育？就是要让孩子一直和美好的东西打交道，这样他看到丑恶的东西就不能容忍了，所以我们的教育规律之一，就是用美好的东西把邪恶、丑恶的东西挤跑。我觉得他讲得非常生动。我教《雨中登泰山》，我哪里是教课啊，我是跟学生一起在课堂教学中去登。我们中国的景点一定有文化的铺垫，960 万平方公里土地有讲不完的文化的故事，有各种各样的美。教师要有点情趣，比如学点艺术。你自己看一幅山水画看进去了，就很开心，上课上进去，大家忘我，就不苦了。

如果什么爱好都没有，怎样营造温暖宽松的环境呢？教师要海纳百川。比如一名平常一声不吭的男学生，喜欢集邮，对色彩的敏感令人惊异，这种潜能真的好得不得了。美育不仅是课内，要全面关心。学生这些爱好，我都非常支持，有好邮票送给他。人会移情的。开发学生大脑的潜能是最高目标，促成学生自我开发、自信，及时呵护激励引导。一位孩子有美的爱好，他不容易坏的。美是纯洁心灵。

真的不能太功利了，孩子会没有生活。过去我每周六下午，一定带学生们出去，公园、灯会、虹口公园菊花展，回来以后孩子的感受就很丰富。中秋节晚会，全是同学自己搞，抢着出节目，初中孩子可以写出上万字剧本。他就追求美啊，你说多好啊！

教育和生活本身是紧密联系的。如果局限在学校里头的文化学习、学科学习，那就太窄了！教育有广阔天地，无处不教育。生活就那么丰满啊，美无处不在，每个人都拥有非常丰富的美的资源，也向往美。我们的教育和生活一定要探索美好，让美育纯净心灵，陶冶性情，使人格逐步完善健康，这是我们教育的责任。什么叫教育？春风化雨，润物无声。始终让他有一种温暖的感觉，就不芒刺在背。不要焦虑，现在就在美好，就在求知。缺掉了美育，是精神的残缺，不可能个性获得全面发展。肢体上残缺有义肢，精神上残缺，是没有义肢来支撑的。一定要全面贯彻党的教育方针，德智体美劳充分发展，把潜力充分发掘出来。很多科学大家都那么爱音乐，爱美术。我是相信除了智商、情商，还有灵商的。

作业：请想想哪些现象其实是缺乏美育

其实美育在不少地方还很薄弱，甚至非常缺失。搞艺术的人，有的也只盯着技术。美育本身不完全是技能技巧，搞美育的人不能忘掉美是干什么的。一个人对美有追求，自然美、人格美，这个人不会坏的。这种"育"真的是春风化雨，熏陶感染，润物无声。太功利了，人的修养就会糟糕到简直不可想象。疫情很厉害，据说还有人卖假口罩？如果这样，还有什么情操可言。

应该让孩子，包括家长，一定不能功利。我非常反对一切都讲实用，没有终极价值。在西方，尼采讲上帝死了，没有终极价值，以什么来代替呢，有的以功利来代替。做任何一件事情，都要以寻求它最大效益化为基础。这个是很糟糕的，终极目标没有了。教育的终极目标，是培养有理想、有道德、有情操、有文化的综合素质良好的人。没有美育，因此高铁上要霸座啊。高铁那么先进，霸座却那么落后，没有美啊，他不知道什么叫美、什么叫丑，美跟丑都不分的。高铁那么先进，霸座就那么难解决。为什么？人的素质，美丑不分。我们就要用美好的东西，把丑恶的、邪恶的东西挤走。

素质教育不是光讲讲，而是一点一点地春风化雨，不那么简单的。学拉小提琴，却已经忘掉了去拉的快乐，这怎么行。艺术本是陶冶人生非常非常重要的方面，不能只是赚钱的手段，作为工具，变成工具理性。赚钱是正当的，但艺术本身的价值不是钱。本身的价值，是那样一种呵护人心的、润泽人心的东西。人心的培养，离开了美育，就很难有德育进去。

这件事很难。有人说，一讲德育，一讲思想情操，就不是语文了。语言文字当然要抓，但字词是知冷暖的，语言是有温度的，是人独有的东西。离开了情和意，它是个什么符号呢？它之所以能那么灵动，主要就是因为有情有义呀，否则就是一个僵死的符号。我始终认为形式和内容不能分开，洋葱的皮和肉是分不开的，一而二，二而一。我们受西方工业革命的分解的思想、解剖的思想影响很大。是应从整体到局部细部，没错，但现在国外也要跨学科，实际上是有的要很细，有的要综合。人的认识，由总到分是一个进步，由分到总，它又是一个进步，这个总已经不是原来的总，而有更高认识。

我希望要有点观点。美育，在有的地方，真是缺失得很。我真是悟出来的：学语文就是学做人。所有学科里头，语文最直接指向人，跟人的思想、情感、兴趣、品德紧密联系，是陪伴人一辈子的。

人的语言水平，就是他的思想水平、情感水平、道德品质水平。霸座的也会说他觉得如何，什么人讲什么话，从小要打好基础。学校美育，立德树人。

【记者手记】于漪为什么是于漪

初知于漪，只听闻她是上海教育界一位名师，在中学教书，受人尊敬。第一次比较真切的认知，来自 2017 年写"七·一"特稿《初心》，采访的第一位普通党员——浦东龚路中心小学教师徐珏青，她就是在杨浦读初三时，听了于漪一次讲座，觉悟了自己对教育的由衷热爱。2008 年起，连续有人在百度贴吧的"龚路中心小学吧"留言，表达对徐老师的支持。这是真实的口碑，记者追踪采访也发现她确实是位优秀教师。由此，"为有源头活水来"，从她看得见于漪，她在说明着于漪。

真正深入了解于漪，是这一次上门面对面畅聊。"人民教育家"，不是随随便便的五个字。查阅资料时，也看到许多对她的称赞和研究。采访结束，对于漪为何是于漪，油然而生两点感受。

一是宽，宽宏。她待人、看事，格局大。她分析问题，始终从爱出发，心有广阔天地，又始终脚踏实地。这个宽不是宽纵，甚至也不是一般意义上的宽容，而是一位教育者实事求是的宽宏。整个访谈过程中，她频频称学生为"孩子""娃娃""小娃娃"，强调"哪怕是十几岁的高中生，他也还是个娃娃"。她为孩子们发声："他在他那个年龄，就是完整的。他是他那个年龄的完整。不要焦虑，不要急，更不要居高临下。"她看前一堂课学逻辑思维很累，就琢磨自己这堂课，怎么想方设法给孩子们换脑子，学得愉悦，也由此开始了她一步步教出名的课堂艺术。这个几十年前的初心，她到91岁依然没丢，这次"破例"接受采访，就是希望、呼吁走出"焦虑陷阱"，牢记"育人"使命，让孩子不"芒刺在背"，让教学不"失魂落魄"。她说，"我这人喜欢笑，我们老师也讲，你一天到晚笑，调皮捣蛋的孩子，你批评他时你也在笑"。她说，"我觉得他很可爱，为什么，他幼稚啊，这是孩子的常态啊"。她说，"我看到孩子就很开心，真的，他的不开心就是我的不开心"。她眼中，看见、看重的不是"分"，不是"能"，而是"人"。她爱的是"人"。这是教育的初心。和她交谈，能深切地感受到她是一位真正的教育者。

二是深。她专业上精深，有高度，又渊博，融会贯通之后，思考得很深。她有哲学功底，对审美有非常到位的认识，确如一位教授所说，"专门研究美学的人也未必能说出"。她说美育实际上是哲学的思考，有宇宙人生，要大处着眼，"不能总陷在局部"。她说情感、美育的熏陶，没有办法量化，"质性的评价、量性的评价有时候要结合起来"，直言"真的要学点辩证唯物主义、历史唯物主义，不要绝对化"。她的表达往往在看似信手拈来中，鞭辟入里，道理通达，令人信服，因为背后有很深的思考。这种深，来自她的痴。正如一篇报道所说，1986年，语言学家张志公阅读于漪《学海探珠》手稿，拍案赞叹："于漪教书简直教得着魔了！"她入选"语文学科百年经典"的《语文教学谈艺录》一书，全是在病床上写出来的。她的全集七百多万字，往往随手翻开一页，都言之有物。这背后是深，是源于初心的痴心。

那天聊到最后，她说："上课就是生命在歌唱，我退休了，就枯萎了一半。别人对你最大的需要就是你的需要，我活着就是这样，实际上人生的价值就在这个地方。很多人关心我，常问我还需要些什么。我需要的是我们中国人能仁而爱人，要美，要善。我自己要追求美好，我也要让所有的人都能够过上美好的生活，这就是我最大的需要，我没有别的其他需要。包括生病，我总是觉得欠了情。我为别人服务的时候我就很开心，我的生命有价值。别人为我服务的时候，我就觉得，我怎么能够这样劳烦人家……"

基础教育，这4个字，正是她的鲜明写照：基，她总是站在实事求是的基准线上，从基本立场出发，从教育原点出发，宽以待人，秉持初心去看待孩子成长中的问题；础，她的专业功底很深，根扎得很深；教，她以课堂教学艺术成名；育，她始终牢记教育是"育"人。可以说，于漪之所以是于漪，就因做到了这4个字。职业名称有时正指向内在要求，而于漪做到了极致。

2020年6月9日发表于《解放日报》

感　恩

上海市黄浦区卢湾第一中心小学校长　吴蓉瑾

　　每次都会情不自禁用"先生"来敬称于老师，因为在我们的民族文化中，"先生"一词具有深意，那是三尺讲坛上教书者的称谓。写这篇文章前，我又翻看了多年前的笔记，认识于漪老师很多年，她的话，她的文都如春雨般浸润在我的心田。她的很多做法，至今深深地影响着我。

潜精研思，重视每一次教学过程

　　初为人师，一次教工大会上，看了于漪先生的课，当时的感觉是极其震撼的，尤其是她说到每一节课，即使是同样的课文，每次教学前都会重新思考，没有一节课是上得一样的。而那时，我是第一次听到了于先生讲述她的三次备课过程。第一次备课不看任何参考书、资料和教参，全凭自己的理解对教材进行一次整体把握。第二次备课广泛收集各种参考文献资料，看看名师、教育专家是如何授课和对教材进行分析的，同时思考三个问题：哪些问题参考材料上想到了，我也想到了。哪些问题参考材料上想到了，我没想到；

哪些问题参考材料上没有想到，我想到了。第三次备课是在上一个平行班之后，总结经验，进行教学反思之后再备一次课。这样的备课模式深深印入了我的心里，我借来于先生课的录像，一节节学习，一段段品味，一次次被感动，精彩的课堂，能把学生牢牢吸引住的课堂就是这样锻造出来的。

这些年，无论怎样忙碌，我都深爱且坚持站在这三尺讲台授课，也在努力尝试，即便拿到同样的课文，依旧会像初拾课本那样认认真真地钻研，力争我的课堂能让学生"学有所得，情有所归"。成为学校管理者后，我开始研究"三三制"备课制度。卢湾一中心小学的"三三制"备课除了在教学目标上坚持知识点、技能点、情感点，在教学手段上分传统式、现代式和个性化外，在备课阶段则参照了于先生的三个阶段。第一阶段：集体备课。主要落实对教材的理解分析。充分发挥教研组研的作用，对教材文本进行解读分析，提出备课思路。第二阶段：个性修改。根据预设的教学计划结合本班班情做出调整，进一步完善教案，确保每个班级都能享受到最佳的教学。第三阶段：课后反思。教学后记录下过程中出现的闪光点和不足，即刻反思以求取得最佳的教学效果。"三三制"备课，既发挥了资源共享信息量大的优势，也调动了每位教师的智慧和积极性，实现了优势互补，使教学计划更为完善，为学生提供了相对优质的教育。

于漪先生近 2000 节公开课，行云流水，情感充沛，每一节课的打磨背后都透着匠心独特。她执着的精神追求和精湛的教学艺术吸引、打动着每一个观课者，我永远是学习者，心之所向，行之所往。

树魂立根，重视每一处教育细节

我曾多次在于漪先生的讲话中听到"国家""民族"，那是因为先生有着强烈的使命感和高度的责任感，她说过，"教师最根本的是自己心中要有共产主义旗帜飘扬，对党对社会主义要满腔热情满腔爱，坚信共产主义一定能实现""教师胸中要有一团火，在任何情况下都要朝气蓬勃，对学生有感染力、辐射力"。她提出育人要育心，浇花要浇根，要培育学生树热爱党、热爱社会主义、热爱祖国这个"魂"，立爱国主义为核心的民族精神这个"根"，为学生全面发展奠定坚实的基础。

如何让共产主义的旗帜飘扬起来？如何让胸中的那团火燃烧起来且长燃不熄？我一直在思考于漪先生的话，怎样才能于细节入手，于实地实践。我们是毗邻中共一大纪念馆的一所公办小学，2006年学校成立了全国第一个由孩子们自发组建的中共一大纪念馆小小讲解员社团，名为"红喇叭"，希望借由他们这一个个"小喇叭"把党的故事讲给更多同龄人听，把红色基因一代代传承下去。社团不断壮大，已为中共一大纪念馆培养了2000多名"小小讲解员"，更是推出了普通话版、英语版、连环画版、沪语版和快板版等五种少年儿童喜闻乐见的中共一大纪念馆"儿童版讲解词"。兴业路上的纪念馆留下了几千名小小讲解员的童年记忆与成长足迹。如今，最早的那批"小小讲解员"们早已走上了工作岗位，有的也已为人父母，而他们身上在中共一大纪念馆里烙上的红色印记始终未变。

17年来，回首来时路，于漪先生的教导言犹在耳，每一个教育细节都是我们丰富的资源，都能成为我们实践的起点，帮助和引导少年儿童扣好人生第一粒扣子。卢一学子将坚持涵养家国情怀，赓续红色血脉。同样地，我们的"中国人过中国节""约会劳模、感动你我""好书伴我共成长"等系列活动也将持续下去。我永远是学习者，心之所向，行之所往。

砥砺琢磨，重视每一个历练机会

于漪先生注重在一线的耕耘，同样关注青年教师的培养，她用自己的实践告诉我们，一辈子做老师，一辈子学做老师。尽管她年事已高，但是只要有听课任务，她总是早早到达现场，在听课过程中认真记录，在之后的评课环节，她那带有深厚文化底蕴，精准到位的点评常常让人沉醉其中，受益匪浅。

记得在几年前的一次"中华传统文化优秀基因现代传译课程"发布会上，我的两个小徒弟，潘蕴玉老师上课，贺春秋老师说课，我在一旁听着，看着于漪老师听课时的专注，时不时会心一笑，或是频频点头，或是与旁边的嘉宾交流，我的心中非常感慨。作为一线教师，能够被于漪老师听一节课，评一节课，是何等荣耀！记得2008年时我曾经也期盼有这样的机会，当时"两纲教育进课堂"，我准备的课是《扬州茶馆》，得知于漪先生可能来听我上课，我激动极了，那次的备课用了十二分的心，度过了一个个难忘且难熬的夜晚。后来尽管也是市级展示课，由于其他原因，于漪先生没有来，课上得很顺利也得到了好评，但我的心里总是空落落的。请于先生听一节我的语文课，提出中肯的批评，成了我的愿望，所以我仍然在自己的一亩三分地努力着，热切地期盼着。

20年过去了，尽管愿望尚未实现，但是我的两个徒弟有幸得到于先生的指导，让我动容不已。那天，年近九旬的于漪先生评课，无论我们怎么劝，她都坚持站着讲话。从我踏上教师岗位那年起，直到今天，于先生年事渐高，但是只要一上讲台，她立刻眼睛发亮，容光焕发，说话一如既往的抑扬顿挫……她一字一顿地告诉我们好课、深入人心的课就是钻研出来的，我们所讲述的内容要直抵学生内心。我在一旁听着听着，心中的敬意涌上心头，涌入眼眶，化成了感动的泪水。活动结束，我恳请于先生和潘蕴玉、贺春秋老师留下两张珍贵的合影，那节多年来没有被她听的课所留存的遗憾，在这一刻完全化解了。

她对青年教师的扶植与鼓励，让我们难忘，在后来的日子，我们依旧会回想起那天的课堂，重视每一次历练的机会，不停脚步，拔节成长。我永远是学习者，心之所向，行之所往。

到今年，我工作已经 28 个年头，从一个青涩教师入门，到研究教学入心，关注育人入微，探索发展入境，师生成长入情，再回归自省修身入静，每一个阶段，每一份体验中，于漪先生都仿佛指路明灯般指引着我。感恩先生，牢记先生所说"教育，一个肩膀挑着学生的现在，一个肩膀挑着国家的未来"，愿意为之奋斗终生，无怨无悔。

本色于漪：人淡如菊　使命如山

于漪教育教学思想研究中心研究规划部副主任　黄　音

　　几天前有幸陪同奶奶到北京参加"人民教育家"国家荣誉称号颁奖典礼。在北京的这段时间，奶奶遇到了不少"老朋友"，其中一位是"人民艺术家"王蒙。

　　他和夫人拉着奶奶激动地说，文艺评论家毛时安曾专门打来电话，说于漪老师是他的老师，这次于老师获得"人民教育家"称号，作为学生，他感到非常自豪。王蒙夫人问奶奶："于老师，您这一生，究竟培养了多少位作家？培养了多少人？"奶奶想了想，近70年教育人生，教了多少学生真是数不清呀。

　　候机时，奶奶一边吸着氧气，一边解答医务人员关于子女教育的问题，本来就有些气喘的她，说话时更显气急，但只要讲起教育，她的劲头就上来了。

　　这就是我的奶奶，她总说，我就是一块铺路石，是实实在在的草根教师。

矢志不渝的家国情

奶奶这本书，我读了 30 年，被她深深感染，也越读越有滋味。

我的爷爷奶奶是老师，爸爸妈妈也是老师，从小，我就立志成为一名教师。家庭教育，特别是奶奶对我的影响是最深刻的，她润物无声，教会我学为人师、行为师范的为师之道。

2012 年，我陪同奶奶回到她的母校镇江中学参加校庆。奶奶在校门口伫立许久，看着母校的校训"一切为民族"，她深情地说："求学为何？母校的校训是精神的坐标，人生的基点，是铸造师魂的基因。"

她说，当时，77 届是全校最乱的年级，她被调任做年级组长。既抓纪律的整顿，也抓科学文化的学习。学生小，不知事，做老师的须教在今天，想到明天，为他们日后的发展着想。求学的黄金时代被耽误，以后怎么补？必须教好每一个学生。她说，国家建设需要早出人才、多出人才，再穷再难也不能耽误孩子的成长，我想，这种家国情怀，已经深深地融入奶奶的血脉和心灵深处。

我们参观了镇江中学校史馆，看到奶奶的题词和事迹被挂在了醒目的位置。

我问奶奶："怎么能坚守一线几十年，从不懈怠？"

奶奶说，她做了一辈子教师，觉得每天都是新鲜的。因为每天学生都在成长，所以教师每天都有学不完的东西、做不完的事，每天都能感受到精神世界的成长，怎么会厌倦？

奶奶曾经告诉我，教师的生涯是双重奏，一是教师要演奏好自己的人生，要奏一曲有中国特色的、美妙的、中华民族的人生曲；

二是教师还要指引学生在这样一个纷繁复杂的环境下立民族精神之根，筑爱国主义之魂，用中国人博大的情怀、用真正的本领为中国作出贡献，为人类作出贡献。

代代永续的好家风

很多人都会问，生活中的奶奶和工作中的于老师有什么不一样？在我看来，生活中的奶奶朴实平凡，是好儿媳、好妻子，也是好母亲、好奶奶。

有一天，我打开家门，看见地上铺着一张报纸，爷爷坐在椅子上，奶奶居然在帮爷爷剃头发。"嚯，奶奶您真行！"我不由得从心里发出赞叹。但更多的时候，生活中的奶奶身上还有"于老师"的影子。

当我还是一名学生的时候，我们家里就有"三个学生"——爷爷、奶奶和我。

阳光下，不足3平方米的阳台里放着一把老式藤椅，上面总坐着一位满头白发的老人，手里拿着一本适合老人读的"大字书"，时不时端起身边的茶壶品上两口，怡然自得。他，就是我的爷爷。台灯旁，一位精神矍铄的老人戴着眼镜，手边的书、文件堆得高高的，她拿着一本书，一边读一边圈画，还时不时做笔记。她，就是我的奶奶。在家里，这两幅画面是最平凡最常见的，也是最美的。

奶奶总说，做一名教师，智慧要像泉水一般喷涌而出，必须好学深思，身上印刻时代的年轮。

常常听到有老师感叹，奶奶在外开会时总能对近期时事风云如数家珍。有人就忍不住问道："于老师，您怎么对这些事件那么熟悉？我们了解信息通过微信，上网，您是在哪里看的？"奶奶说："我也看微信，也像你们年轻人一样。"

很多人知道我的奶奶是于漪老师后，经常会问："你不怕你奶奶？"说心里话，怕，也不怕。说不怕，是因为奶奶不管我的学习成绩。

我读小学时，同龄的孩子进入小学前都预先学拼音，学算数，我却什么都没有学。妈妈很着急，但奶奶坚持说要让我有个欢乐的童年。没想到，"零基础"入学反而培养了我上课专心的良好习惯，课后作业也都独立完成，家里人从不辅导、不检查。奶奶说："对就是对，错就是错，老师会教的。"

"看轻"分数的奶奶却很重视对我兴趣爱好的培养。有一次，我看到家里放了一沓书，其中有《谈艺录》和《管锥编》（当时我还不知道"锥"怎么读），作者是同一个人。我就问奶奶："这个人很会写东西吗？是谁啊？"奶奶回答说："他可有学问呢。"说着，就从书橱里抽出一本《围城》递给我。这就是我第一次"认识"钱锺书，不是从学术巨著里读到他，而是从小说里走近他。奶奶推荐我读《围城》，是因为适合我当时的认知水平。我读到李梅亭躲在墙角偷吃山芋，就学着书里的样子表演给家里人看，大家哈哈大笑。慢慢地，书里的细节我都能倒背如流，我不仅无可救药地爱上了这部文学作品，也慢慢有了阅读钱锺书其他作品的动力，并且培养了广泛阅读的兴趣。

说怕，是因为奶奶对行为习惯管得很严，她总说"没有规矩不成方圆"。比如回家换拖鞋时，不能把换下的鞋随意乱扔，必须弯下腰认认真真排放整齐；又比如，把剪刀递给别人的时候，要把尖端对着自己，这样就不容易误伤到人。她不仅严格要求我，更严格要求自己，让我心生敬畏。

师德师风传家久

生活中，我和奶奶不仅是普通的祖孙两代，更是两代教师，因此在对话间，我们时常穿行于基础教育的森林，传递思想，且行且思。

奶奶身上有许多品格非常打动我。

年轻时，她将一堂课需要讲的每一句话都写在本子上，然后再转换成口头语，力求语言准确、生动、优美，在语言上做学生的榜样。做老师的都知道，这件事费时费力，她却一丝不苟。现在有些活动邀请她去发言，虽然年纪大了，但她都主动提出需要听课、听老师说课；为书撰写序言，她一定会把书稿的文字都看一遍，并对大大小小的问题提出改进的意见，认为这才是严谨、负责的态度。

奶奶常常感叹，基础教育改革的历程里，是一批批教育"同行者"陪伴着她，共同形成了今天这样的气象。她身体力行，将中华育人之魂传承了下去，这才是我们自己的基础教育的魅力所在。

有人说：平庸的人只有一条命，叫性命；优秀的人有两条命，即性命和生命；卓越的人则有三条命，性命、生命和使命。奶奶用她的行动诠释了师者境界，生命与使命同行！

奶奶对我最好的教育就是在讲台上要做一名有思想的教师，需要立足岗位打开视野看世界，这对于我们年轻人来说也是一种榜样、一种激励。我想，我们年轻教师应当向奶奶这样的优秀教师学习，学习他们的初心与志向，沿着他们的足迹继续前行，一起担当起培育中华民族"梦之队"的筑梦人的使命和责任。

后 记

　　全景式记录"人民教育家"于漪老师教育生涯的融媒书《大先生于漪》，已完成全部编纂工作，即将由中国言实出版社付梓。为迎接党的二十大胜利召开，上海教育电视台历时一年精心策划、倾力打造大型纪录片——《大先生》，忠实记录"人民教育家"于漪老师的生活经历、教学实践和学术思想，大力弘扬于漪老师为党育人、为国育才的崇高教育风范。于漪老师的人生历程是一部值得认真阅读的大书，需要电视工作者生动讲述她的人生故事，这是上海教育电视人的心愿，也是上海教育电视人的责任。

　　为真实还原于漪老师的世纪人生，记录百年间中国教育发展沧海桑田，摄制组先后走访京、沪、苏、浙，采访于漪老师的师生、亲友，教育界专家、领导 20 余人，采制 30 多个小时有效口述史料，整理 50 余年珍贵历史影像资料，拍摄了大量历史文献素材、各类历史照片近 500 张。摄制组多次召开专家研讨会，梳理纪录片篇章结构，论证历史事实，几易其稿，反复精修，扎实呈现了一部讴歌人民教育家的精品力作。可以说，《大先生》这部纪录片凝结了上海教育电视人对于漪老师的感恩之心和敬仰之情。

　　上海教育电视台与于漪老师有着深厚的情谊。20 世纪 90 年代，上海的经济与社会建设进入了新一轮的快速发展期。为了解决人才培养问题，提升市民素质，当时许多教育界人士提出建设一个教育电视台的想法。于漪老师作为人大代表，积极向相关部门呼吁，尽快设立上海教育电视台。她认为"教育电视台的创建，是教育应有社会地位和意义价值得到彰显的有力证明，更是打破人们'学校办教育'的固有认知，让教育融入全民的开放之举"。终于，在市领导关心指导和各方的努力下，1993 年 7 月 9 日，上海市人民政府批复组建上海教育电视台，这也是当年上海市政府的实事工程之一。

于漪老师是看着上海教育电视台"长大的"，她曾不止一次说过：教育台是我们自己的台。开播之初，上海教育电视台提出"让教育插上电视的翅膀，让电视播撒教育的阳光"的办台理念，创办了品牌栏目《ETV 家庭教师》，希望通过电视的"翅膀"，让全上海的孩子都能听到特级教师的精彩课程。当时，于漪老师率先接受邀请，负责主讲作文课。不仅如此，于老师还积极帮助栏目组解决录制的场地问题。当年，上海教育电视台的办台条件非常艰苦，找不到适合录制课程的录影棚。于老师得知后，积极协调，终于在复旦大学找到了一间闲置的教室。在这间教室中，于漪录制了 12 集"妙笔生花"作文课，唐盛昌录制了 10 集"左右逢源"数学课……一时间，《ETV 家庭教师》名师荟萃、精彩纷呈，成为几代学子的珍贵记忆。

进入 21 世纪，上海推出"两纲"教育，把德育工作放在首位。2010 年，上海世博会召开，于漪老师又敏锐地意识到世博会是非常好的德育教材。当时已经年过八旬的于老师，欣然受邀担任我台《世博一课》的首讲嘉宾。她不顾酷暑高温，亲自到世博园内参与实景录制。她在中国馆前讲述中国古代建筑榫卯结构的智慧；在动态版《清明上河图》前讲述北宋的繁华和中华文明的演进。于漪老师在谈到录制《世博一课》的感想时说："我们的教育其实不只在课堂，也在历史的现场，在生活的当下，在无尽的畅想，而电视艺术恰恰能调动最多的元素，让我们即便'身不逢时'，也能体会到那一刻的精彩。"这也许就是为什么她对教育电视如此钟情的缘故吧。

在上海教育电视台，很多记者、编导都采访过于漪老师。于老师对我台年轻人的造访也从不吝啬时间。年事渐高之后，于老师谢绝了多家电视台的采访，唯独对上海教育电视台的邀请从不拒绝。2021年10月，我台《一校之长》节目想邀请于漪老师做专访。于老师接到电话后，立即就答应了。她说《一校之长》这个栏目名称就很好，抓好校长这支队伍，教育就不愁搞不好。当摄制组来到于老师家时，才得知于老师的腰椎发病，不能久坐。她为了支持我们的工作，硬是坚持一个多小时录完节目。当灯光亮起，镜头打开，于老师讲起关于教育的话题，就立即精神百倍，眼中闪烁着希望的光芒。谁也看不出她正忍受着腰伤的疼痛，这令我们非常感动。那次录制结束后，于漪老师还为上海教育电视台题词："感谢为教育鼓与呼！"这是于漪老师对教育台工作的肯定，更是对我们未来事业发展的厚望。

20多年来，上海教育电视台积累了大量于漪老师的新闻报道、课程视频和专题节目，这些珍贵的资料不仅运用在了纪录片中，也精选了部分内容编辑进这本书。尤其是，我们重新整理了上海教育电视台曾经拍摄的于漪老师的系列微视频课《师范》、演讲《学做人师》以及编创人员的采访手记等资料，以媒体融合传播的方式，力求在新时代的传播语境中，将于漪老师的崇高风范进行更广泛的传扬。

2021年，习近平总书记在清华大学考察时强调："教师要成为大先生，做学生为学、为事、为人的示范，促进学生成长为全面发展的人。"于漪老师从教70多年，始终坚定为党育人、为国育才的初心使命。她坚持党的教育方针，坚持立德树人、五育并举，强调育人是教师的第一责任，积极推进学科德育工作，努力培养有中国心的现代文明人。于漪老师正是我们身边一位令人崇敬的"大先生"。今天，我们记录于漪、宣传于漪，就是要讴歌她全心全意为学生、一门心思为教育的精神；学习她传承中华民族优秀文化、建立中国特色教师学、坚定文化自信的信念；传颂她心怀家国、教书育人的风范，以"人民教育家"为明灯，指引青年教师成长方向，凝心聚力，鼓舞更多青年人爱岗敬业、踔厉奋发、勇毅前行，吹响奋进新征程的时代号角。

值得一提的是，在《大先生》纪录片拍摄、《大先生于漪》书籍出版的过程中，我们得到了很多领导、专家和学校、企事业单位的助力，许多领导、专家都带着对于漪老师的敬仰之情为《大先生》纪录片、《大先生于漪》书籍倾力指导、倾囊相授，许多学校、企事业单位为我们的纪录片摄制、书籍的编写无偿提供拍摄便利和历史资料，对这些真诚的支持和帮助，在此一并表示最衷心的感谢！

党的二十大胜利召开，擘画了全面建设社会主义现代化国家、实现中华民族伟大复兴的宏伟蓝图。实现强国梦想需要教育事业支撑，而教育事业的发展离不开一批又一批优秀的老师，时代呼唤大先生，国家需要大先生。希望于漪老师的故事能够启迪更多的青年教师，希望我们的镜头能够记录下更多的时代楷模，不断书写出新时代蓬勃伟业中的精彩句章。

孙向彤

上海开放大学党委副书记、副校长

上海教育电视台台长